アルバム・ゴルフ仲間
楽しい集いを想う

|添一己氏とパサージュ琴海で
2012.10.10)

産婦人科教室ゴルフ同好会で石丸前教授を囲んで（2011.12.1

第７回 NCC ゴルフ大会の記念写真（2009.5.8）

金谷多一郎プロ(左から２人め)といっしょに(2015.10.3)

エイジ・シュート達成記念植樹の八重桜が花ひらく

序にかえて

卒寿を過ぎ、ときどきふと来し方をふり返るときがある。わが人生をふり返るとき、長年いそしんだ趣味のゴルフを看過することはできない。ゴルフを通して得た友は多い。彼らから如何ほど人生を学んだことか。ゴルフなくして何の人生ぞと、ゴルフなくして吾が人生は語れないほど私の人生とゴルフとの関わりは長い。今までゴルフに費やした莫大な時間と労力と金銭的な負担は、素人としての趣味の範囲内ではあるが相当な量である。しかし私以上にゴルフにのめりこんだ友人は数多くいるので、私などはまだまだ普通のもの好きの部類に過ぎないのかもしれない。費やしたもの以上に得たものは大きい。

産婦人科という職業柄、練習やプレー中に、いつ出産や緊急手術で呼び戻されるかもしれない。宿命とでもいうべき時間的な制約を受ける中で、なぜゴルフを始めたのか、なぜゴルフを今まで続けてこられたのかの理由は、今まで投稿した「ゴルフに関した」拙文集の中に、何回も触れ、本稿の中でも述べているのでここでは触れない。卒寿を過ぎた現在でもゴルフに出かける前日の夜は、遠足に出かける小学生のように期待と興奮で胸の高まるのを覚える。

今年になって医局の改装をした。本棚の中に眠っている50数年前の同窓会誌やゴルフ倶楽部関連の会報誌の中から、私が50数年も前に初心者の頃から投稿したゴルフに関する記事を選んで「ゴルフとわが人生」という1冊の自分史にまとめてみたいと、最近急に思い立った。それは日ごろ私が医師として人間として最も尊敬し、105歳の今なお医学会はじめ多方面に矍鑠として活躍されている聖路加病院理事長日野原重明先生や、東京都の女性最高年齢者113歳で私が長年敬愛し交友している後藤はつの画伯のパワーを見習いたいという思いと、日野原先生が「生きかた上手」「新老人の会」の標語にしておられる「愛すること、創めること、耐えること」の中の「創めること」を早速実践しようと思い立ったからである。

われながら向こう見ずな稚拙な文脈や記事の羅列で、ゴルフでお世話になっている皆さんにお目にかけるのはちょっと恥ずかしく躊躇したが、老い先短い老ゴルフ愛好者のひとりの人生録と思召してご笑読いただければ幸いである。

「吾以外皆吾が師なり」という格言は私の長年の処世訓である。ことゴルフに関してはこの格言が身に沁みる。私のゴルフ人生で照る日、曇る日に何時もこの格言を肝に銘じながら、ちょっとキザに聞こえるかもしれないが私のゴルフ道、ゴルフ修行、延いては人生修行の糧にしてきたように思う。「たかがゴルフ、されどゴルフ」である。ゴルフに対する愛着は私がティ・グラウンドに立てなくなる日まで今後もつづくであろう。その日が1日でも長からんことを念じつつ。

平成28年　盛夏記

ゴルフは人生をかけて学ぶべき科学であり、競争であり、決闘であり、勇気と技能と戦略そして自己規制を必要とするものである。

ゴルフに学ぶべきこと　から

ゴルフと吾が人生

吾以外皆吾が師なり

小濵正美

目次

目次

第1章
ゴルフ自分史（懐旧編）

――私はこんなゴルフ人生を送ってきた

似顔絵　法師山克昌氏

1　ヒトケタ繁昌記（昭和52年記）

「福は寝て待て」で体重ふえる

ヒトケタとはもちろん1から9までの謂で、フタケタとは11から99までのこととは今時の小学生なら1年生でも知っているが、ヒトケタの評価となると色々あって簡単に割り切るわけにはいかない。普通、物とか数はその質はともかくとして多いほど可とされるが、中には少ないほど貴く珍しいものとしてその希少価値を重んぜられるものも少なくない。

開業当初の頃、もう10何年も昔になるが、月にヒトケタの外来患者の日が何日かあり、私の大先輩から、そういう時は寝て福の来るのを待つか、空気銃でも撃って少し体を動かしなさいと言われたものだった。戦後、空気銃の所持もヤカマシクなり、街の雀どもは変にうすぎたなくて、小学生の頃、休みになると空気銃を持ち出して一日中追いかけ廻した田舎の雀ほどの魅力はない。かといって患者を待つ間の手なぐさみをする程の高尚な趣味や余技の持ち合わせもないままに、私は専ら寝ること専門に先輩の言いつけを忠実に守った。が、福はいっこうに訪れる気配もなく、かわりに極度の運動不足と栄養過多で半年位のうちに10キロ以上も肥り、口の悪い友人に1キロふとれば1年寿命のちぢまっとばい、ズボンのバンドの穴数がひとつ少なくなればそれだけ早くこの世ともオサラバたいと脅かされる日々がつづいた。

英雄は肥満で生涯を送る

話はちょっと横道にそれるが、肥満と寿命の関係は、単純な病気によらない肥満はいっこうに心配いらずむしろ大いに効用があるという説をこの間もある医療関係の雑誌で読んだ。それによると、徳川家康はその画像からも判るとおり甚だデブでありながら75歳という天寿を全うした（当時は食品の種類も少なく、蛋白質の資源も少ない食事で、医学知識も衛生設備も貧弱な人生50年といわれた時代にである）。古今の英雄の中で肥満型で長寿の人をあげれば、シーザー、アレキサンダー大帝、ナポレオン、明治大帝をはじめ、チャーチル元英首相、ドゴール元仏大統領、フルシチョフ元ソ連首相など、歴史に名を残した偉大な指導者は皆肥っていたようだし、その上長命でもあった。ドゴール元仏大統領も80歳まで生きており、毛沢東主席も78歳で現在活躍中であり、日本の佐藤首相も引退後も体調は益々さかんなようで、その師の故吉田首相も肥満型で長命であり、肥満即短命とは決して言えない。

肥満には一般的な肥満と2次性肥満の2種類があり、このうち2次性肥満とは甲状腺機能低下、男子性腺機能低下、インシュリン分泌過多症、副腎皮質機能亢進症など要するに病気による肥満をさし、一般的肥満の方でも、単純性肥満と代謝性肥満にわかれている。そして代謝性肥満は脂肪組織の新陳代謝機能に異常があるために肥満するのでやはり病気としての肥満であるわけで、これ等病気による肥満は別として、単純性肥満の場合は何ら心配はいらないのみかおおいに効用があるという面白い説であった。

何もここで肥満の効用を説くつもりはさらさらないが、切実な問題として挙措動作が緩慢になり、刺激に対する反応が鈍くなり、万事に体の重たい感じから何とか贅肉をとりたい為に運動をはじめたのがゴルフに走った第1の目的である。

お菓子屋さんに勧められゴルフの道へ

元来、私はなまけ者でひとつのことを始めてもなかなか長続きがせず飽き易い性質であるが、たまたま近くのお菓子屋さんの御主人に推められて手近で何時でもやめられると思ってクラブを振りはじめたが、以来何とはなしにクラブから手が離れずじまいで今日まで切っても切れない様になってしまった。思えば私にゴルフを勧めたその御主人も〝ノミ、ウツ、カウ〟の名人で著名な人であるが、そのご本人が30年間もゴルフの虜となり、他の遊びをやめてまで一番長続きして居られる趣味がゴルフと聞けば、私の10年に近いゴルフ歴もまだまだ嘴の黄色いヒナ鳥の類かも知れぬ。

先日、ある週刊誌で名ゴルファー40名による我が信奉するゴルフ金言なるものを読み、なかなか興味深かった。色々な職業の方が座右の銘とする金言や自分で発見した金言を色々書いておられたが、中でも一番多く目につくのは矢張り、〝ヘッドアップするな〟〝キープ・ヘッド・ダウン〟という金言であった。これは〝ボールから目を離すな〟ということにもなるし、言葉を換えれば〝脚下照顧〟、常に自分の足もとをしっかり見つめて大地に足をしっかり踏まえて大局を見誤らぬようにする処世訓にも通じる。

知識人に手痛い格言

ゴルフは自分との闘いであると言われるが他の単独競技以上に、私はゴルフほど、人生競争の場に於ける自己との闘いの縮図を見る思いがするものは他にないと思う。コースの攻め方、守り方、スコアのまとめ方にその人その人の生地がさらけ出されて、我々日常の処世訓として教えられることが多い。〝平常心をたもつ〟〝自信溢れる自己流は確信なき正常にまさる〟と言うアーノルド・パーマーの言葉など味わいのある言葉であり〝どんな悪い条件がきても最後まで全力をあげて努力するのがゴルフである〟と言うボビー・ジョーンズがその著書『ゴルフ・イズ・マイ・ゲーム』の中で述べている言葉など、そのまま私共の座右の銘とするに足る。

〝頭より筋肉でおぼえろ〟〝もっとも練習の必要な人ほど練習をしない〟等、とかく頭でっかちの、頭だけで物事を処理しようとする、頭だけに頼ろうとする、いわゆる知識人に手痛い格言である。

たいていのゴルファーが一度は口にする〝パット・イズ・マネー〟も数あるゴルフ金言の中で3役格はまちがいない金言である。正確にはDrive for show, putt for dough〝ドライブは見世物、パットはお銭〟〝飛ばすよりまとめる〟ということであろう。スコアの半分がパッティングであってみれば、けだし当然のことで、もっともパッティングはアプローチ・ショットとの結びつきで難易がきまるから、まずショート・ゲームを重視する人が多い。古くはハリーヴァードンが「ゴルフの最大の名誉はあらゆるショットに通暁していると言われることだ」と言っているし、くだっては前記ボビー・ジョーンズも「ショートゲームの巧者はロングゲームの巧者に必ず勝つ」と託宣をくだしている。いわゆる〝寄せワン〟はベテランゴルファーの最大の武器であり、プロでもそれで逃げそうなパーを捉え、またバーディー奪取の匕首にもする。しかし、せっかくピンに寄せたアプローチをむざむざ外すようではスコアのメーキャップにはならない。そこでやっぱりパットが切り札ということになる。

19世紀末期にパットの神様とまでいわれた英国のウィリー・パークが「パットにすぐれた者は必ず勝つ」と言ってパッティングだけの本まで書いたそうだ。この本を愛読して金言通りに実行して見せたのは皮肉にも英国人ではなくてアメリカのアマチュア、ウォルター・トラビスだったという。現在、プロでもアマでもゴルフの名人と言われる人は例外なく殆んど皆、アプローチ、パットがうまい。私ども長崎市医師会員で作っている「青空会」というゴルフ親睦会の中で上手の双璧といわれる高木忠一郎君や武田功さんなど、いつ廻ってもホトホト感心させられるぐらいうまいアプローチ、パットをする。両先生の今日あるは蓋しこの金言通りに徹底的にアプローチ、パットをマスターされた努力の結果に他あるまい。

ゴルフはリズムとタイミング

〝ゴルフはリズムですよ〟。あるプロは、会うたび、話を聞く毎に、この言葉を口にする。スウィングには、もちろんリズムがある。こんなことは誰でも知っている。しかし、彼によると、バックからクラブを抜くにも、コースを歩くのにも、スタンスをとるのにもリズムがあるそうだ。それほど技術の伴わない私には「そういえばそうだなー」とひどく感じいってしまうだけなのだ。考えてみるとコースの造りにもある種のリズムが流れているそうな。このコースの流れに、うまく自分を乗せることがゴルフを成功させるひとつの必要な要素になるという。

リズムの話の出たついでにタイミングにもちょっとふれてみたい。ゴルフスウィングの究極的な要約はタイミングであるというのは定説となっている。どんなにスウィングの弧が正しい軌道を作っても、クラブヘッドがインパクト時点で最大速度にならない限りボールがそのプレーヤーの持つ極限距離まで飛んでくれないのである。

　そこでタイミングをよくするためにスウィングにリズムをつける工夫が昔から盛んに試みられ、その代表的なのに英国々歌の一節God save the Kingを唱えながらスウィングをするという。「ゴッド」でテークバック、「セーブ」で上方へのリストコックをはじめながらトップに達し、「ザ」で一息入れて、「キング」で一気にふりおろすという順序である。この国歌はもともと讃美歌で、道理でゆったりと荘重で、ヒッティング動作のような激しい行動とはうらはらなわけだが、実はその逆効果が狙いどころだそうで、つまりスウィングをゆったりさせてヒッティングだけに力を集中しようとする魂胆のようである。スロー・バック、スロー・ダウンを歌で実行しようというのは〝よいとまけ〟のえんやこらの心意気だ。日本人に英国々歌でもあるまいから、さしずめ〝ナム、アミ、ダァ、ブツ〟の念仏に置き換えればミホトケの御慈悲で上手くヒットするかも知れない。最後の文句がちゃんとブツ(打つ)になっているから。

　冗談はさておいて、この四段階唱名法はアメリカで変形して、かの有名なトミー・アーマーが〝One-Two-Wait-Hit〟という拍子どり方式にして、日本でも〝いち、にい、の、さん〟と「の」の字を入れた拍子どりになり、私もゴルフをはじめた当初、くる日もくる日もこの〝いち、にい、の、さん〟のタイミング作りをイヤというほど練習させられた。つまり、ゴルフのスウィングではバックとダウンとは二対一の時間的比例が正当であると見なされ、実際その比例がうまく保たれればボールも思ったよりよく飛んでくれる。宮川弥太郎さんの一種独特のスウィングを見るとトップで力をためる間のとりかたがうまく出ていて当たれば実際よく飛ぶのに驚く。

飛ぶことで有名なのはわが青空会では先ず道祖尾和彦、松尾高保、鮫島千秋三君で長崎県のゴルファー仲間でもこの三君にかなう人はそういまい。いずれも昭和ヒトケタの先生方で近い将来、彼らが長崎のゴルフ界をリードすることは間違いないとしても、好漢惜しむらくは本業に多忙な人達ばかりで暇があまりない模様。彼らに高木、武田両先生の巧いコワザが体得できればまさに鬼に金棒であろう。

ゴルフをされない先生方には退屈きわまりない話で貴重な会報の紙面を割いて甚だ申し訳ないとは思うが、もののついでにもう少しゴルフの話を続けさせていただく。

ゴルフの「3コン」より「4コン」で

先日、友人とコースを歩きながら私は聞かれた。「サンシーて知っとんね」

私「サンシーゼリーのことね」

彼「違う、違う、ゴルフの3Cたい」

私「あぁ、それはゴルフの3コンのことたい」

以前に何かのゴルフ雑誌で読んだ記憶を辿りながら私は何とか答えた。相撲の3つのコンと違いゴルフでは少し合理的に3つのコンを必要としている。即ち、コントロール(統制力)コンフィデンス(自信、度胸)コンセントレーション(精神集中)である。頭文字をとって3Cとも言う。ゴルフが上達するにはこの3コンを克服しなければならず、メンタルな面が特にゴルフに於いて強調される所以である。

もしこれにもうひとつのコンが、もうひとつのCが加わるとすれば、コンストラクション（構成）ではなかろうか。ゴルフは、いわば組立て作業である。18ホールは1ホールごとのスコアの集まりであり、1ホールは1ショットの積み重ねであるからである。私はこの4コンを常に大事にしたいと思う。

ゴルフは想像力の勝負とも言われる。絵を描いたり、音を出すのと違って、想像に合わせて体を精いっぱい運動させるところに〝知的スポーツ〟といわれる所以がある。頭の中に視覚化した攻略のルートと、実際にショットしたボールの道筋がぴったりと一致する時の快感が、人をゴルフからひき離さない。その想像力の勝負の相手は一緒にラウンドしているプレーヤーであり、コースであり、時には風や雨であり、また時にキャディに対してであるかもしれない。そこに想像力を駆使するその人その人のメンタルな生地が性格が露出される。

〝きき目〟はどっちか

私はナマケ者のくせにオッチョコチョイでよく上手な人を見習って真似をする。ひところ流行したアドレスのとき顎を右に引いてひっぱたくフォームが綺麗でよくミートするようで、早速真似てみたらさっぱり当たらない。後で2、3の文献を調べたら根本的な間違いを発見した。ボールを正確に打つには、ボールの一点を注視しろといわれるが、実は問題はその一点を見つめるのにどちらの〝きき目〟を使うかで大分様子が変わってくる。

人間は誰でも片方の目を主にして使っており、他方は補助的に働いているといわれ（眼科の専門ではないので詳しいことは判らぬが）、ゴルフのような方向性を重視するゲームでは主役を為す目が左右どちらであるかを自覚していないと上達の障害になるという。〝主眼〟という言葉もあるくらいだが、この主役を為す目をマスター・アイ（またはドミナント・アイ）と言い、先程述べた〝きき目〟のことである。普通は右利きの人は右目が、左ギッチョは左の目がマスター・アイになるといわれるが絶対的ではない。ボビー・ジョーンズが不世出のスタイリストと謳われて、猫も杓子も彼のフォームを真似た時代、アドレスの時に顎を右に引いて左の目でボールを見つめていたため、皆それを見習った。顎を右に引くと左肩の回転がそれだけ自由になるから理論上は有効には違いないが右目は遊んでしまう。

つまり、利き目が右の人はボールに焦点が合わせられない結果になり、みずから不利を招くことになる。もちろん、ジョーンズは左目がマスター・アイであり、同じ左党の中にサム・スニード、ベン・ホーガン、ボビー・ロックらがいる。左右どちらのマスター・アイが多いかを調べた統計では、ゴルファーの75％は右党に属するという。パーマー、ニクラス、パティ・バーグらは右党の代表的名手である。マスター・アイはパッティングのときも重要で、この目が方向のすべてを決定するとも言われる。〝きき目〟は大事に使いたいものである。

「青空会」はヒトケタで繁昌

ヒトケタ談義がついつい横道に逸れ堅ぐるしいゴルフの話になってしまったが、去る3月下旬、私のハンディ、ヒトケタへのＨＤＣＰ委員会通過の報せがあり、5月12日長崎国際ゴルフ倶楽部理事会に於いて正式に承認を受けた。峰高嶺さんも同時の昇進で2人でともども喜びを分かち合い知人の祝福をうけた。

ゴルフではプレーを面白く公正を期すために厳格なハンディキャップ制なるものが布かれ、ハンディは少ないほどゴルフの世界では上位とされる。山下清流に兵隊の位で言えば、ハンディ30は新兵の2等兵、27～28ぐらいが上等兵、25ぐらいになると伍長勤務上等兵、それ以上20ぐらいまでが下士官級、10代に突入して19で少尉殿、いよいよ将校並となって15以内が佐官級、ヒトケタの9以下になるとベタ金の将官級、2とか1になると元帥級と大ざっぱに分けられる。

勝負の世界は厳しいもので金でその位を買えるわけでもなく、ゴマカシも効かない。前記、私どもの長崎市医師会「青空会」は年々愛好者がふえ現在71名、平均ハンディは19・2で、このような大所帯でこんなに水準の高い同好会も珍しく毎月ごとの親睦競技会で優勝を狙うことは、公式戦、いやそれ以上に至難のわざとも言われるほどである。

青空会の中でもひときわ目だつ巧者に高木忠一郎(5)武田功(6)両シングル、その後に高木聡一郎(9)峰高嶺(9)松尾高保(9)3シングルが控えておられるが、現在のところシングルの最短距離にあるシングル候補生に道祖尾和彦、岩永光治両ハンディ10の先生方、その後に西村(11)市丸(13)竹原(13)各先生と錚々たる顔ぶれがつづく。この稿が会報に掲載される頃は以上の先生方の中から何名かの方々がヒトケタに昇進されていることだろう。

大正のヒトケタ、フタケタ時代にかわり、まさに昭和のヒトケタ組があらゆる面で台頭して来つつある現在、私共の青空会にも続々とヒトケタのシングルプレーヤーが誕生し、青空会はそのために大いに繁昌することを祈念するものである。

(長崎市医師会報　昭和52年3月号)

2　長崎市医師会ゴルフ同好会「青空会」（平成5年記）

1　会の成り立ち

長崎市医師会ゴルフ同好会「青空会」は発足以来28年、平成5年12月例会で通算324回になる。同好会の起源は、昭和30年代に遡る。まだ医師会員の中でも今日のようなゴルフ熱が盛んでなく、ごく一部の先生方がゴルフに興じておられたころ、市内の薬品会社「重陽堂」の宮良孫彦社長が、三菱関係の先生方や大学の教授、開業医の一部を招待して、年に何回かゴルフコンペを開催していた。「やまびこ会」と称して当時のメンバーは、三菱関係は大林治男先生をはじめとして、岡島、戸島先生、大学関係は永井、高岡、松岡教授、開業医では一ノ瀬健吾、井上満治、鈴谷悦堂、高木聡一郎、岩永光治、山本嘉三郎（十善会産婦人科部長）、それに小生ぐらいであったろうか。すでに半数は故人となられたが、年に数回、雲仙とか福田でコンペをもった。

その後、昭和40年ごろから薬品会社を入れず、市内の開業医だけで親睦のゴルフ会を開こうではないかという意見も出るようになり、今日のような形をとるようになった。「青空会」という呼び名は、そのころ（日時は定かではないが）発起人会なる集いを浜町の松永皮膚科一ノ瀬健吾院長宅で開き、今後の運営方針や会の名前を検討した折、「青空に白球を追う」という意味で誰言うとなく「青空会」という名前がつけられ、長崎市医師会員を対象とすることにきまった。同夜、一ノ瀬院長宅に集まったのは、大林、一ノ瀬、井上（満）、鈴谷、高木（聡）、岩永（光）、山本、小濵ではなかったかと記憶する。

以来、連綿と28年間も続いたわけで、当初10数名から発足した同好会が、今や休会員を含め100

余名の大所帯にまで発展した。会の今日の隆盛を誰が予想し得たであろうか。

第1回から克明に記入していた「青空会記録簿」は数年前に紛失、行方不明になった。以後、記憶や断片的なメモを頼りに本年まで何とか記録を積み重ね、記録の更新を続けているところである。

会の主たる目的は、日夜診療に忙殺される長崎市医師会会員で趣味としてゴルフを愛好する者が相集い、ゴルフを通じて会員相互の理解、親睦を深め、健康増進、健康保持につとめることを目的とし、ゴルフ技術の研究、向上と、マナーの徹底が期せられる。

2 役員名

毎年度、役員は交代で選出するが、平成5年度は会長・小濵正美　副会長・高島雄幸　幹事・田中耕二、高村邦彦、秋山寿男、中川元治、松本純隆の諸君である。

3 会の運営状況

毎月1回月例コンペを開催するが、年度により開催ゴルフ場は一定しない。しかし会員の大多数が長崎国際G・Cの会員でもあるので、ここを利用することが多い。因みに本年度は1月、2月、3月、5月、9月、10月、11月、12月は長崎国際G・C、4月は大村湾C・C、6月は長崎C・C（福田）、7月はチサンC・C森山、8月は雲仙G・Cで開催したが、暑気のはげしい夏場は毎年、涼しい雲仙で開催するのが恒例である。

最近はゴルフ場がどこも入場者制限をしているので、青空会のような多人数のコンペの入場予約取りが頭痛の種で、毎年の幹事が苦労を強いられるところであるが、この問題は、今後なお尾をひきそうで検討課題としてここ数年引き継がれている。

4　会員数

現会員76名、休会員26名　（計１０２名）

5　会員の年齢

明治生まれ‥明治42年生まれの中島満義会員84歳と、明治43年生まれの藤原友行会員83歳の２名で現会員の２・６％

大正生まれ‥大正２年生まれの高橋二郎会員80歳他14名で現会員の18・４％

昭和生まれ‥昭和２年生まれの市丸和義会員67歳他60名で現会員の78・９％に当たるが、最年少は南野盛二会員の39歳である。

6　会員のハンディ・キャップ

0～9	21名	(27・６％)
10～20	46名	(60・５％)
21～30	８名	(10・５％)
31～	１名	(１・３％)

平均ハンディ・キャップ　12・93

休会員を除く常時出席可能な現会員76名のうち27・6％、即ち１／４以上がシングル・プレーヤーで、平均ハンディ・キャップも12・93という長崎県でも、否九州・全国的に見ても珍らしい、実に驚くべきハイ・レベルのゴルフ同好集団である。

「青空会」の今後益々の充実、発展を祈念してやまない。

平成５年10月　小濵正美

青空会幹事一覧

平成5年

	会　長	副会長	幹　事	幹　事	幹　事	幹　事	幹　事
昭和44	大林　治男		中島　満義	高木聡一郎	高木　勝朗	福井　順	
45	大林　治男		宮川弥太郎	黒部　勝	高野九洲男	福崎　政勝	
46	大林　治男		武田　功	寺崎　昌幸	鮫島　千秋	道祖尾和彦	
47	大林　治男		小笠原正己	北郷　武照	西村　純一	林田　和治	
48	大林　治男		峰　高嶺	古市　俊英	入江　浩	山崎　甫文	
49	大林　治男		高島　雄幸	麻生　弘之	田島　春生	手塚　博	
50	大林　治男		高原　浩	浦野善一郎	松尾　高保	鍬塚　賢	
51	大林　治男		七種　利明	七島　参英	安中　正道	浜崎　啓祐	
52	大林　治男		井石　哲哉	古川淳一郎	小林　敏教	久保容二郎	
53	中島　満義	井上　斎	辻　均	湯屋寿一郎	宇宿　勝博	諸岡　久夫	
54	諸熊　武康	北郷　武照	山根　孝夫	梶山　忠彦	中川　元治	道祖尾卓而	
55	諸熊　武康	北郷　武照	田中　耕三	阿保　守邦	秋山　寿男	横瀬　昭幸	
56	諸熊　武康	北郷　武照	福田　和夫	柿本　末人	井手　聰	楢林　好隆	
57	藤原　友行	竹原　信之	岩永　昭二	池田　弘之	田村　一則	小川　繁久	
58	藤原　友行	竹原　信之	植村　静次	高村　邦彦	竹下潤一郎	吉弘　逸男	
59	竹原　信之	鈴谷　悦堂	林田　義彦	油屋寿一郎	光武　典之	小川　繁久	
60	鈴谷　悦堂	小笠原正己	岡　武	松尾　高保	高木　寛之	道祖尾卓而	
61	小笠原正己	宮川弥太郎	小濵　正美	天野　浩	原田　尚樹	楢原　好隆	
62	宮川弥太郎	片伯部　貢	松尾　省吾	小林　敏教	阿保　守邦	津田　尚幸	
63	片伯部　貢	植村　静次	田栗　雪雄	川原　和夫	伊藤　年徳	杉田　佑保	
64	片伯部　貢	植村　静次	高島　雄幸	山根　孝夫	田島　春生	麻生　弘之	
平成2	北郷　武照	松尾　省吾	道祖尾和彦	七種　利明	安中　正道	宇田　欣也	
3	北郷　武照	小濵　正美	千々岩秀夫	梅木　誠一	陣内　廣	堀内　英俊	
4	権藤　遜	植村　静次	浦野善一郎	高原　浩	井手　聰	吉弘　逸男	赤司　文廣
5	小濵　正美	高島　雄幸	田中　耕三	中川　元治	秋山　寿男	松本　純隆	高村　邦彦

（長崎市医師会史　平成5・10）

3　旅とゴルフ（平成2年記）

学会とか用務で国内、国外と今までずいぶん旅行もしてきた。ゴルフをはじめてからは、ゴルフのセッティングされていない旅行はちょっと気が進まない。

一昨年春、キタキツネと遭遇しながら（さすがに熊には出会わなかったが）楽しくまわった北海道札幌市郊外滝野ゴルフ場。半年しかプレーできないので、あとの半年はスキー場に利用しているとか。北海道ならではの話だ。

マレーシアでの暑い暑いゴルフ場でのラウンドも思い出深い。キャディがロスト・ボールやブッシュに入ったボールをあまり探さないので、なんとサボ助なんだろうと思っていたら、ちょっとしたブッシュでも、人が近づけば、猛毒をもつコブラが鎌首をもたげるとか。道理でいつもカートのわきに長い竹ざおをくくりつけ、ブッシュに近づくと2、3回竿でたたきながら安全を確かめていた。

キャディで思い出すのは中国で3番目にできたという珠海ゴルフ場。さして美人ではないが、支那服でも着せたらかわいい姑娘《クーニャン》といったところの14～15歳の若い女性ばかり。バンカー掻きを携帯し、プレーヤーが打ったあと、バンカーをきれいに直す。バンカー掻きにはなんと、墨痕鮮やかに、〝節倹〟と書いてあった。

目下の私たち夫婦の夢は、チサングループのフランスのロシュフォールかベトモンドゴルフ場まで足を延ばしてみたいことである。

昭和48年入会・小濵産婦人科医院長

（チサンカントリークラブ森山季報　1990・春季号）

4　ゴルフに学ぶべきこと、伝えるべきこと（平成13年記）

キャプテン随想

いま、ゴルフ業界は厳しい情勢を迎えている。九州ゴルフ連盟加盟２０４クラブの平成12年度来場者数を見ると前年比２％減、長崎県は佐賀、宮崎、鹿児島３県と同じ３％減である。景気回復の遅れ、個人消費の低迷という社会経済的要因もあろう。預託金問題が解決の見通しのつかない、バブル期前後に募集したゴルフ場の悩みは深刻で、倒産の危機に瀕しているところもある。

いまこそゴルフ・ゴルフ場そのものを見直す時期にきている。よく、ゴルフ場の品質はゴルファーの満足度で決まるといわれている。ゴルフ場にとってお客様とは誰なのか？　明確にすべきである。

２通りの見方がある。消費者（コンシューマー）と言われる、物の値段によって行動する客と、一定の価値観をもって行動し、品質によって商品を選び値段に左右されることのない客、即ち顧客（カスタマー）とよばれる方々である。消費者を優先すれば果てしない価格競争になり、料金で勝負しなければならない。顧客優先にすれば、多少立地は悪くても、遠いけど来て良かったと思ってくれなければ、客は２度と来ない。サービスの品質向上が叫ばれる所以である。わがチサンCC森山は、サービス・クオリティーの面では他に抜きんでているように思われる。消費者と顧客を兼ね備えた来場者に対して、フロントの更なる努力を期待したい。

と同時にゴルフが従来から言われた伝統や礼儀を守る競技、伝統とはプレーを通じて忍耐力や人を敬う心、自己規制を学ぶことであり、礼儀とはエチケットやマナーを習得すること、このゴルフが持つ伝統と礼儀を我々は後世に伝えていかなければならない。

ゴルフは人生をかけて学ぶべき科学であり、競争であり、決闘であり、勇気と技能と戦略そして自己規制を必要とするものである。

たまたま、本年4月9日、２００1年マスターズの決勝日タイガー・ウッズがグランドスラムを達成した時の18番ホールで涙を流した顔と、デュバルが勝者を讃えた爽やかな顔が強く印象に残った。

（チサンカントリークラブ森山　２００1・夏季号）

5　20周年を彩る長崎国際ゴルフ倶楽部食堂の変遷（平成5年記）

わが長崎国際ゴルフ倶楽部が栄ある開場20周年を迎え、立派に名門コースとして成長の一途を辿りつつあることはご同慶の至りで喜ばしい限りである。

わがクラブ開場20周年の主役は何といっても上田治氏設計による立派なコースであるが、20年の間このコースを愛し育ててこられた数多くの方々のご苦労に深甚の敬意を表するものである。

このコースに彩りを添えてきたものもまた数多くあるが、その中でもクラブ食堂の存在を無視することはできない。長崎国際ならではの食堂運営もこの20年の間に色々な紆余屈折を経て今日に至ったが、その歩みをこの記念誌に述べてみるのもあながち無意味のことではあるまい。

わがクラブの食堂経営は開場当初からクラブの自主管理運営、業者委託経営の形をとってきた。当初、ハウス委員会で管理運営されていたものが昭和48年に至り会員間の食堂に対する関心の高まりからハウス委員会より独立して新たに食堂委員会が設置され、その初代委員長に佐々木春美氏が就任した。現在は委員長が私、副委員長に山口喜利氏、委員に中村貞嘉、中川哲雄、陳名治、宮川彌太郎、黒木恒巍、佐々木いつ子の6氏、計8名で委員会を構成し、その主たる任務は、①食事に関し幅広い会員の食嗜をどの程度満足させうるか、②業者の健全なる経営と会員へのサービスを如何に両立させうるか、それらの調整　③名門クラブにふさわしい格調ある食堂の運営などである。

歴代の食堂委託経営者は、①昭和39・9開場~昭和48・6　内田恭助氏（富貴楼）、②昭和48・7~昭和49・4　横尾福次郎氏（魚荘）、③昭和49・5~現在　大河内豪氏（レストラン国際）の諸氏で現在の大河内氏に至り約10年を経過している。

現経営スタッフを見ると、食堂は大河内豪社長の下に横田良弘マネージャー、従業員はコック3名、ウエイトレス6名、雑役3名の14名からなり、食堂とは別にアウト2カ所、イン2カ所の茶店にクラブより従業員女子5名、男子1名が配属されている。

実績収入は年間総売上　食堂6千400万円~6千700万円　入場者1人当たりの利用額1千200円~1千250円。開場当初の昭和39・9（10日間）は、入場者962人の食堂売上89万120円に比べ、20周年のことし10月（営業日数27日）の入場者3千317人の食堂売上216万300円と、今昔の感に堪えない。まことに夢のような売上高であるが、これは入場者の激増に伴う比例的な上昇率であろう。茶店収入も現在1千600万円~1千700万円程度で入場者1

人当たり利用額は311円に当たり、クラブへの還元も500万円前後になる。

歴代経営者の中では富貴樓時代は名代のしっぽく弁当や長崎を代表する名物チャンポンが人気をよび、料亭の永年の味付が会員に喜ばれた。魚荘時代は料理修行を終えた魚荘2代目が研鑽の腕を奮い、そのブリリアントな洋食のメニューは何回か試食し、これまた好評であった。現在の大河内氏に至りメニューの独自性と多様化、サービスにこれつとめて雰囲気もなかなか良いようである。長崎名物チャンポンも会員の要望で復活し、冷奴定食、ちらし寿司、猪《しし》鍋など改善努力の跡も窺われ長崎国際ゴルフ倶楽部食堂としての品位も十分に保たれている。最近に至り食事に関する会員間の不平不満も以前ほど数多く聞かれなくなったが、それでも数多い会員の嗜好の相違による少数意見も時々聞かれる。会員の積極的な意見、提案等を参考に経営陣に適切な助言を怠りなく、会員の声を十分に反映し円満健全な運営、特に会員へのサービスと業者の健全な経営が両立できうるようにその調整に委員一同努力している現状である。

名門長崎国際の品位と格調に相応しい食堂のたたずまいと、会員の健全なゴルフライフの充実発展のために、会員諸兄の今後益々のご協力とご叱正を乞う所以である。

（長崎国際ゴルフ倶楽部二十年誌）

6　思い出の九州インタークラブ選手権大会（昭和52年記）

チサンCC森山競技委員長　回顧

現役時代、第7回九州インタークラブ選手権大会でチサンCC森山を代表して出場した。昭和52年8月4日、開催地は南九州CCであった。（写真）職業柄、気になる出産や予定手術を早めに済ませ、競技前々日に鹿児島に到着。練習日を1日おいて本番を迎えた。沢山のギャラリーの前で割と冷静であった。スタートホール第一打はフェアーウェイど真ん中。距離もいつもより大分延びているみたい。気をよくして第二打を思いきり振る。グリーンオーバーのOB。出だしにダブルボギーを叩く。何となく調子に乗れずじまいで不本意なスコアで残念な結果に終わった。私としては後々悔いの残る大会であった。

そのような苦い経験を味わって10数年後、チサンCC森山の競技委員長を拝命した。偶々その年行われた九州インタークラブ選手権大会長崎県予選（会場は大村湾CC）で、チサンCC森山は出場17クラブ中、上位5人の合計スコアーが389で2位の佐世

保CCに6打差をつける快勝で、勇躍決勝大会出場のキップを手に入れた。因みに選手諸君の名前は杉町攻・金原文明・青田明・木下強・高橋朗・山口弘海君達6名であったが、杉町79、金原88、青田80、木下76、高橋80、山口74で山口君の74が光った。

決勝大会は同年10月21日平戸CCで九州各県から予選を勝ち抜いた23クラブで争われた。予選の勢いづいた若手強力選手を率いて選手メンバーは予選と同じ顔ぶれ。決勝前夜の会食のとき、予選も決勝も個人戦ではなく、団体戦であるから最後まで気を抜かず、一打一打をおろそかにしないこと、明日は笑顔で長崎に帰ろうよとだけ言った。

決勝戦は最後の最後まで優勝の行方がわからなかった。スタートが後のほうでチサン森山がホールアウトしたとき、吃驚したことはいつの間にかチサンがトップに躍り出ているではないか。因みに選手諸君の成績は、杉町74・金原78・青田79・木下77・高橋82・山口86で、今回は杉町君の74が光った。上位5名の合計は390で、何度、他クラブと数の点検をしてもチサンがトップである。コースにはまだ上がって来ていないのは3クラブだけ。そのうち2クラブは大だたきして上位進出は絶望。優勝は最後の佐賀クラブだけにしぼられた。最後のホール最後のパットが決まるまでチサンか佐賀か判らない。集計に手まどる間、待っている我々は居ても立っても居られぬ心境である。やっと集計が終わった瞬間ドット大歓声がおこった。そこは佐賀クラブの席であった。結果を成績掲示板で確認したところ、佐賀クラブ389でチサン森山クラブ390のたった一打差で逆転負けである。佐賀の選手が最後の最後に約2メートルのバーディ・パットを執念で入れた由、まさか優勝につながるパットとは、その選手は思いもしなかったであろう。

勝負とはこういうものかも知れぬ。悔しがる選手諸君を私は、「よく頑張ってくれた。ありがとう。来年もある。このくやしさを来年雪辱してくれ。さあ！　胸を張って帰ろう！」と慰めた。選手のひとりが帰る道すがら、しみじみと言った言葉が今も忘れられない。

「優勝して、新しい競技委員長に最高のプレゼントをしたかった」と。

7　ハンディキャップ委員長に就任して（平成9年記）

平成9年4月2日の（長崎国際ゴルフ倶楽部）理事会に於いてハンディキャップ委員会委員長を仰せつかった小濵正美でございます。

前委員長の澤山精次郎氏は皆様よくご存じの通り、当倶楽部創立以来33年間もハンディキャップ委員長をお務めになった大ベテランで、長崎国際ゴルフ倶楽部の重鎮でいらっしゃいます。この名委員長のあとの大役をお受けするに当たって、非力非才な小生のことゆえ正直なところ大変危惧いたしました。幸い、委員の方々にはかねてからご昵懇にさせていただきお世話になっている方々も多く、いずれも一騎当千のつわ者ばかりが名を連ねておられますので大変心強く思っております。

いままでの適正で、しかも柔軟性のある委員会活動が、今後も十分に果たせますように、私自身も努力はいたします。委員の皆様、また会員の皆々様方のご協力、ご叱正、ご指導をよろしくお願い申しあげます。

さて、ハンディキャップ委員会の任務は、皆様既にご承知の通り適正かつ柔軟性のある会員のハンディキャップの運用、執行にあります。当倶楽部のハンディキャップ規定は㈶日本ゴルフ協会(JGA)の規定に基き、長崎国際ゴルフ倶楽部ハンディキャップ決定並びに変更規定に則って運用、執行しております。

この規定の冒頭に、ハンディキャップの決定並びに変更は、本規定によりハンディキャップ委員会(以下委員会と称する)がこれを審議決定する。但し、新たにシングルに進級する者については委員会の推薦により理事会の承認を得てこれを決定するとなっております。以下ハンディ・キャップ委員会の審議決定に当たり適用条項について、せっかくの機会でございますのでその要点だけを簡単に述べてみます。

〈新ハンディキャップの適用〉

① 新しいハンディキャップは委員会がその決定並びに変更を決定した時点より適用する。

② 委員会はなるべく早い方法で新しいハンディキャップを本人に通告する。

〈ハンディキャップのスライド〉

長崎県ゴルフ倶楽部競技会加盟倶楽部の会員のハンディキャップは、シングルを除きこれをスライドする。

〈当コースのコートレート〉

チャンピオンティー	73
バックティー	72
レギュラーティー	70
フロント(レディス)ティー	70

〈**スコアカードの提出**〉

① 会員は6カ月間に3枚以上のスコアカードを提出すること。

② スコアカードは18ホールズを単位とし、同伴会員のアテストを要す。

③ 当コースをラウンドした時は必ずスコアカードを提出すること。

④ 当コース以外のコースのスコアカードもこれを資料として受付ける。但しティー及びグリーンによるコースレートを必ず附記すること。

⑤ 6カ月以上にわたりスコアカードを提出しない者は、新たに委員会の審査を受けるまではハンディキャップの適用を拒否されることがある。

〈**ハンディキャップの決定**〉

① ハンディキャップの決定はスコアカード5枚以上の提出を求め、JGAのディファレンシャル表に基づき委員会が審議決定する。

② 他倶楽部のハンディキャップは資料として必ず委員会に申告すること。

〈**ハンディキャップの変更**〉

コースレートを基準として、これが、

1アンダー　1点　2アンダー　1・5点
3アンダー　2点　4アンダー　2・5点　とし、

①　ハンディキャップ0～5の者は、その合計が5点に達した時は委員会に上程して審議決定する。
②　ハンディキャップ6～9の者は、その合計が4点に達した時は委員会に上程して審議決定する。
③　ハンディキャップ10～19の者は、その合計が3点に達した時は委員会に上程して審議決定する。
④　ハンディキャップ20～24の者は、その合計点数が1・5～2の場合は1、2・5の場合は2、進級せしめる。

なお、好成績者は委員会の査定による。

⑤　ハンディキャップ25～30の者は、その合計点数が1の場合は1、1・5～2の場合は2、2・5の場合は3に進級せしめる。

なお、好成績者は委員会の査定による。但し1回の進級は3をもって限度とする。

⑥　ハンディキャップ31以上の者は委員会の査定による。

なお、JGAではハンディキャップの決定、変更に使用されるスコアについて、

①　ゴルフ規定にのっとり、JGA公認のコース・レーティングのあるコースのティー及びグリーンでプレーした18ホールズのスコアであれば、すべてのスコアが有効である。

コース・レーティングとは

全国のほとんどのコースはパー72ですが、これは単純に各ホールの距離によって決められたものです。しかし、ゴルフ・コースは地形、設計、使用ティーにより難易度に相異があります。そのため、JGAハンディキャップ委員会は、統一された方法で全ゴルフ場のコース・レーティングの査定を行い、各々のゴルフ場のコース・レートを定めております。

通常パー72のコース・レートは68・5〜71・5など72を下回ることが多いのですが、たまに73をこえるコースもあります。

また、この数値は所謂ハンディキャップ0のプレーヤーが仮にプレーした場合、10回の平均の数値を意味しております。なお、コース・レーティングの数値の高低と、コースの良し悪しとは関係ありません。

平成6年10月末現在、JGA加盟クラブは1、437クラブですが、JGAのコース・レーティングをもっているクラブは、1、410クラブ(加盟1、327、非加盟59、パブリック24)となり、毎年「全国コース・レーティング一覧表」を発行しています。

JGAではハンディキャップ委員会により査定申請のあったコースで実際にプレーをし、その査定距離と各ホールの難易度を評価し、コース・レーティングの値を決定しております。

また、これまでコース・レーティングはバック・ティー、レギュラー・ティーのみ行っておりましたが、平成3年度より、フロント・ティーのコース・レーティングも行うことになりました。このことにより同ティーからのラウンドもハンディキャップ査定の対象となります。

ハンディキャップ委員会の権限（ＪＧＡに據る）

① ハンディキャップはプレーヤー自身が求めるべきものであり、いかなるプレーヤーの自分の技能力の完全な資料を提出しないでハンディキャップを受ける権利は与えられていない。

クラブのハンディキャップ委員会は、プレーヤーがスコアの提出をおこたり、またハンディキャップ方式の精神を守らなかった場合は、その裁量によってハンディキャップを増減することができる。甚だしく協力的でなかったり、不正のあった場合は、ハンディキャップ取消の権限も有する。

② 急速な上達者に対して

委員会が裁定に当たって、ＪＧＡ算定方式を適用して査定したハンディキャップが、本人の技能力から見て明らかに多過ぎるときは、そのハンディキャップを減ずることができる。

③ 正常でない立場の者に対して

プレーヤーは、ときどき、ゲームから遠ざかったり、つづけてプレーをしなかったりすることもあり、裁定によるハンディキャップの増加を認めてはならない。

しかし、そのプレーヤーのホーム・クラブ内だけの条件つきで、調子の悪い者に対し、ハンディキャップを増加する臨時の処置を取ることができる。

以上、紙数の関係でストローク・コントロールその他に言及することはできませんでしたが、いずれにしても、当倶楽部のハンディキャップ決定並びに変更規定に則り、適正で且つ柔軟性のある運用を計りたいと思います。

現在、当委員会では、天候、周囲の状況（例えば開場記念杯等）を勘案しながら適正なハンディキャップを査定し、また年齢、疾病等による長期入院等で体力消耗による既得ハンディキャップ維持の困難な場合などを考慮し、本人の申し出があれば、年に2回（6月と12月）の微調整も実施中であります。

ハンディキャップ委員長就任に当たり、委員会任務の一端をご紹介し、併せて会員皆さま方のご指導、ご協力をよろしくお願い申しあげまして就任のごあいさつとさせていただきます。

附記・・定例委員会に於いては全委員の出席は申すまでもありませんが、当倶楽部からも花岡支配人、吉岡専属プロの出席をいただき、適切な助言をいただきながら委員会が円滑に進行しておりますので、この欄をかりまして両氏に厚く御礼を申し上げます。

（長崎国際ゴルフ倶楽部会報　1997・秋季号）

8　チサンCC《カントリークラブ》森山キャプテンに就任して（平成12年記）

平成12年度クラブ理事会（チサンカントリークラブ森山）に於いてキャプテン就任のご要請を受け拝受致しました。

もとより非力非才の身で皆様のご期待に添い得ないと思いますが、就任しました以上は微力ではございますが当クラブ発展のため努力邁進する決意でございます。理事長はじめ理事役員、会員の皆様の絶大なるご指導、ご鞭撻、ご協力のほどよろしくお願い申しあげます。

昨今、少子高齢化、経済不況のあおりを受けまして、レジャー産業、特にアウトドアースポーツの中でもゴルフ業界は多難な時代を迎えております。九州各県のゴルフ事情、長崎県下のゴルフ関係の現状も、来場者数におきましては前年度比は一部の県を除き減少傾向を示しております。

㈱地産はゴルフ関連事業のほか、不動産、ホテル、レストラン、リゾート、出版、新聞社、酒造など多角的に鋭意事業を統括し、チサン企業の中でもゴルフ部門にしぼれば、国内16クラブ、海外2クラブのゴルフ場を経営し、九州では昭和48年に北九州の遠賀クラブ、昭和49年に讀賣チサンカントリークラブ森山として、当クラブが当時としては珍しい27ホールでオープンし、次いで昭和52年に人吉クラブ、昭和62年に御船クラブが設立開場し、九州各県はもとより関西・中国方面からのゴルファーにも愛され親しまれております。

地産の経営方針は社名に基づいて、「以地産作陽徳　以和楽為之」（周札より）生産をもって初めてすべてのものが生成発展し、お互いが仲良く楽しむことによって初めて真の平和、天下泰平があり得るという方針です。

ゴルフ道に於いてもお互いがゴルフの原点に立ち返って、①クラブライフを大いに楽しもう、②会員のための運営を、③メンバーとして他のゴルファーの規範となるようなマナーを身につけよう　を合言葉に努力運営されております。

当クラブの現状として長所でもある、①ロケーションが良い（橘湾より雲仙普賢岳を望む景観は県下一、九州一、全国一、日本でもここだけです）、②難易度の面で初心者にも攻略し易いコースセッティング、③会員に若い年齢層が増えて堅苦しくない　などの長所がある反面、①コースの距離が短い、②施設の老朽化などの短所もあげられます。しかし、メンバーの老齢化に伴って健康管理面で乗用カート60台を県下で初めて導入したのを初め、会員へのサービス面に於いては常に他のゴルフ場をリードする姿勢を貫いて参りました。

7年間に及ぶ競技委員長在任中に賜わりました数々の皆様方のご支援、ご協力に感謝し御礼を申し上げますとともに、強いチサンカントリークラブ森山　をこれからは　名門チサンカントリークラブ森山　としてますます充実発展させて参りたいと存じます。竹井理事長、今は亡き林田作之進名キャプテンの名を汚さないように努力、邁進いたしますので、会員皆様の倍旧のご叱正、ご協力、ご指導をいただきますようによろしくお願い申し上げまして、キャプテン就任のごあいさつとさせていただきます。

（チサンカントリークラブ森山　2000・夏季号）

9　キャプテン随想（平成17年記）

4年ほど前なりますが、2001年度夏季号に【ゴルフに学ぶべきこと、伝えるべきこと】と題して所感を述べましたが、この4年の間に我々の予想だにしなかったことが次々に起こりました。よく言われる「世の中、一寸先は闇」という格言は、なにも政治の世界や相撲・勝負の世界に限ったことではありません。現実、我々の周辺でも驚天動地の激変が起こりました。この荒波を乗り越えて、今日、我々の愛するチサンカントリークラブ森山が以前にも増して健全に運営されていることに対しまして、キャプテンとして心から会員の皆様に御礼申しあげます。

最近、ゴルフ場でよく見かけていました長年の球友が急に見えなくなり、案じていましたが、中には入院をされていたり、腰痛・心臓疾患のためゴルフを中止されたり、断念される方が増えてまいりました。老化現象、成人病のせいにしたくはないのですが、寂しい限りです。人間歩くこと、歩かれることが如何に大切なことか、そして素晴らしいことかが最近しみじみ思い知らされるところでもあります。

今は亡きゴルフの大先輩が、あるとき私に話されたことが今も耳に残っています。それは弘法大師が四国八十八ヵ所の巡礼を勧められた本旨は、健康保持のためには歩くことの大切さを諭されたということでした。ゴルフコース18ホールを1ホールごとに、八十八ヵ所の一番札どころと考え、自分の健康と周囲の友情に感謝しながらお参りをする、そしてどなた様にも迷惑をかけないで、よりよいスコアで廻れるように、日々研鑽・努力を続けてゆくこと（精進）、それが弘法大師の教えにも通じるものなんですと。

私もいつの間にか齢80歳を迎え、年毎にドライバーの飛距離も落ち、若い人達に置いていかれるようになりました。それでも何とか90を切ろうとか、長年の夢「エイジ・シュート」達成への実現に向けて儚い夢を持ちつづけ、日々の練習に精出しているこのごろです。

皆さん、目標に向かって今日も元気で明るく、我々のチサン森山ゴルフ場で大いにゴルフライフを楽しみましょう。


（チサンカントリークラブ森山　２００５・秋季号）

10　電友会５００回大会に寄せて（平成5年記）

５００回と口では簡単に言えても、その継続・充実・発展の歴史は大変な記録であります。電友会５００回記念達成を心からお祝い申しあげ、この快挙に参加させていただいている私どもにとって光栄でもあり、喜ばしい限りで、心からお礼を申しあげます。

趣味の世界でも、戦前、戦後を通じて、大変な変わりようで、戦前、一部の特権階級にしか許されなかったゴルフも、戦後、大衆に受け入れられ、環境・設備も整い、今や大衆的アウトドア・スポーツの代表的な位置を占めるようになりました。

人生20年を生きながらえた私ども世代には、現在の男子77歳、女子84歳の平均寿命は、戦後の平和と生命科学、満ち足りた環境の改善、進歩のお陰とはいえ、まったく奇跡としか言いようのない思いです。

私のゴルフ人生において、電友会との出会いは、その主開催地である名門・長崎国際ゴルフ倶楽部の歴史とともにいついつまでも私の脳裏に珠玉のように光り輝いて残ることでしょう。20年に近い間、会員の皆々様との楽しい出会いが、電友会500回の記念すべき佳き日を迎えるに当たり、走馬灯のように蘇ってまいります。

今は亡き懐かしい方々の想い出も熱く胸をよぎります。

16年も前になりますか？　たしか昭和60年5月の電友会例会は1泊2日遠征で、佐世保国際GCと嬉野武雄CCの2連チャンだったと思いますが、宿は九電さんの嬉野松風荘。夕食後、恒例の麻雀卓が用意され、私の卓は澤山、殿村さんと当時の坂口支店長さんと私。

豪快な坂口支店長さんは、用意されたお酒やおにぎりをパクツキながら打ちっぷりも豪快、冷静な澤山さん、緻密な殿村さん、愉快な楽しい楽しい一夜でした。坂口支店長さんは、その一月後の例会で突然、病にたおれられて、後藤さんと病院にお見舞いにも参りました。後藤さんと私の後輩でもあった坂口さんの急病は残念で残念でなりませんでした。

澤山さんにはご生前、公私ともに大変お世話になっておりましたが、長崎国際GCのHDCP委員長を澤山さんの後任としてご推挙をいただき、昨年まで務めさせていただきました。お元気な頃、殿村さんの御尊父とご一緒に雲仙や島原、福田のコースをラウンドさせていただいた楽しい想い出が彷彿として蘇ってまいります。

ご逝去された皆様のご冥福を心からお祈り申しあげますとともに、現在、各方面に於いてご活躍の電友会OBの皆様、現会員の皆々様方の益々のご健勝と、ご多幸、そして、私共の長崎・電友会の1000回記念大会達成を祈念申しあげます。

今までお世話になりました各年度の支店長さん、次長さん、課長さん、ご担当の係員の皆々様、本当にお世話になりました。厚く厚く感謝、御礼申しあげます。

11　吾以外皆吾が師なり　古希を迎えて（平成8年記）

数年前、1泊2日の人間ドックでの総合判定で15歳若いと言われ、以来、実年齢より15歳引く年齢を当たり前と思うようになった。それでいくと本年とって55歳、還暦まであと5年、古希は15年先の2011年に迎えることになる。

現在、下肢に静脈瘤を認め、多少頻尿が気になる以外は血液所見もほぼ正常で、背筋もピンと伸びているようだし、私の唯一の屋外スポーツであるゴルフのプレーにも、たいした支障もない。

知人に勧められて数年前より外資系のガン保険にも入り、成人病への経済的対応は一応しているつもりであるが、日常生活では糖尿の家系があるので、①なるべく宴会には出ぬこと（戦時中、飢えの時代を経験したせいか、また生来口が貧しいせいか目の前に出されたご馳走は残らずいただく習慣が未だに残っている)、② 間食は4分の1程度にとどめることを心掛けている。(饅頭など甘いものには目がないので1個を4つに切り、その一片をいただく)

いつまでも若者を気どる気はサラサラないが、年相応に無理をせず、美食を慎みたい。気分的には、私の最も尊敬していた故大林治男先生に生前お聞きしていた《長生きの秘訣 〝色気と食い気とおしゃれ〟》をモットーに、女性、特に若い美人にはいつまでも興味を持ちつづけたい。そういえば大林先生は毎週お会いするクラブの例会で、いつもポケット・チーフを欠かされたことはなかった。

昨秋、富士山麓で全国規模のゴルフ大会に出場した時、同伴者が右腕が肩関節からさきがない左腕一本の方で、その隻腕氏が実に堂々と、しかも素晴らしいスコアでフィニッシュされたのには度肝をぬかれた。また翌週、私の母校鹿児島の第七高等学校造士館の創立95周年記念ゴルフ大会での同伴者も、胃癌と腸閉塞で胃全摘、腸や食道の一部まで切除した大手術のあととも思えぬ豪快な気力溢れるプレーぶりには頭が下がった。その大病氏は、自分で納得のいくショット、納得のいくプレーが出来ぬうちは、あの世には行かれん! と宣った。最近読んだ週刊新潮のTEMPO欄で、満100歳の現役ゴルファーが元気で頑張っておられる記事を見てまたまた吃驚した。月に3回はラウンドし、ハンディキャップ48でスコアは59、60で優勝されたとか。まったくオドロキである。

この3人の方々の充実した気力と体力の生きざまに、未だ未だ私には先の先の目標があり、夢があるのだと元気づけられる。

70年の私の生の軌跡の中で沢山の人々との出会いがあった。学びの場で、遊びの場で。私は素晴らしいその折々の友との出会い、触れ合いの中で《吾以外皆吾が師なり》を心掛け、学びとることも多かったが、これからもこの人生訓を心の糧としてより充実した日々を送れたら幸せである。

（長崎市医師会報　平成8年1月号）

第2章
最近想うこと（近況編）
―友人との絆、エイジ・シュートなど

電友会６００回のスタート前写真（右から２人め筆者）

1　今年の椿事（ホール・イン・ワンほか）（平成18年記）

褒章受章で宮中参内

人生はいろいろと椿事が起こるものです。私にとって、平成18年度は予期せぬ椿事があまりにもたくさん身近におこり、年末の現在でもちょっと信じられないぐらいの多忙な1年でした。

まず、3月に思いがけない褒章内報の報せが飛びこんで参りました。

「5月17日に宮中に参内できますか？」

「奥様の御同伴ができますか？」

という報せに私より家内が吃驚仰天。ちょうどそのころ、家内は友達と仙台に行く旅行計画をしていたのを急遽キャンセルして、同行してくれることになり私もホッとしました。私に内報が届けられたとき、家内の予定は知っておりましたが、家内が張り切って旅行の話をしていましたので、ひょっとしたら東京行きは断わられるかもと思いながら、家内には「宮中にお召しがあったが、あんた行くかい？」キョトンとしている家内に「あんたが行かなければ俺一人でも行くばい」。しばらくして「私も一緒に行っていいの？」これで決まりでした。

褒章受章のあとがまた大変でした。こんなに皆さんに騒がれ、喜ばれ、お祝いをしていただこうとは真実思いもよらないことで、半年後の11月9日まで活水女子大学父母会の、野々村昇院長、奥野政元学長はじめ、皆様方からお祝いの宴を張っていただきました。その間、いろいろな団体からも祝賀会を数回開催していただきました。

私の尊敬する片伯部貢先生からは受章後、真っ先に達筆な筆蹟で次のような祝賀の詞が寄せられ大変恐縮致しました。

祝賀の詞　八十年生涯徳仁
　順厚風格万人親
　學可因果応報理
　君家栄祝因積善

褒章に値するかどうか内心甚だ忸怩たる思いはしましたが、身に余る光栄なことだとありがたく受け止め、今でも感謝の念でいっぱいです。

丸山町の41年ぶりのくんち参加

次なる椿事は、丸山町が41年ぶりに諏訪神社くんち踊町として、復活参加することになったことです。私が昭和36年開業して以来お世話になっている丸山町の『くんち奉賛会会長』に推挙され、実際指揮を執らざるをえなくなったのでした。10ヵ月に及ぶ準備、月初めの神事、小屋入り、庭見せ、くんち当日の3ヵ日間の諏訪神社、八坂神社、松の森神社、公会堂、お旅所での傘鉾、奉納踊り呈上とつづき、各町の庭先廻りの踊り呈上先が2、600軒にも及びました。

今までかぶったことのない山高帽子に紋付き、袴、白扇子、草履履き、庭先廻りの踊り呈上のときは、唐人パッチなる下穿きを身につけ、何もかも初めての体験ばかりでした。11月23日が打ち上げ会、長崎で云う〝鍋底洗い〟を最後の行事として、私にとっては長いようで短く感じた〝くんちに振り回された〝10ヵ月間でした。丸山町が一丸となって〝燃えに燃えた〟10ヵ月間でもありました。

41年ぶりといえば、皇室にも41年ぶりに男児ご誕生のビッグニュースがこの年9月に飛び込んで参りました。41年ぶりに丸山町のシャギリを一生懸命勤めてくれたシャギリ班の中のひとりに、41年前に小院で生まれた若衆がおり、初対面で、くんち〝庭見せ〟のとき、NHKのくんち特集で30分も紹介報道されました。皇室の御慶事・丸山町のくんち踊町復活・シャギリ班の中のひとりが小院で41年前に生まれた子供さんだったと言う奇しき因縁、41年ぶりが3つも揃い、これも私にとっては思いもかけない一大椿事でした。

ホール・イン・ワンが出てしまった

しかし、とっておきの椿事が11月にまたも私に起きました。ゴルフ・プレイヤーが一度は夢見る〝ホール・イン・ワン〟が出てしまいました。

時　：平成18年11月12日(日)午前9時過ぎ
場所：長崎国際ゴルフ倶楽部
　　ＩＮ　11番　ショート・ホール　１５５ヤード
競技：長崎ケーブルテレビ杯、長崎市医師会ゴルフ青空会　両方の競技に出場
使用クラブ：ユーティリティー６番
　　球筋フェイド系
　　アゲインスト・ウィンド

長崎国際GCのショート・ホールの中でも比較的に難しいとされている11番ホールでした。練習場で、最近フェアーウェイ・ウッドがあまり当たらないので少し練習をして、当たり具合を確かめながら、ティーグランドに立ちました。早朝8時30分のインスタートで風が強く、コンディションはあまりよくありません。時間は午前9時前、問題の11番ホールでのショットは会心のショットではなく、左方向に飛んでいきスライス気味。左のガードバンカーに入ったかと思いきや、バンカー横のグリーンに辛うじてワン・オンして2〜3回軽くバウンドしてから一直線に転がりカップの縁に止まりました。白いボールがカップの縁にあるのがティーグランドからよく見えます。「はいれ！　はいれ！」の同伴者（寺崎昌幸元長崎市医師会長、田栗雪雄先生の2人）やキャディさんの声援も空しく、ボールは縁に止まったまま。「ヤレヤレ助かった」と真実私は胸をなでおろしました。と申しますのは過去2回ホール・イン・ワンの経験はあり、その後始末が大変なのを体験していたからです。

ところが、乗用カートに皆で乗り、改めてカートの上から眺めてみますと止まったはずのボールが見えなくなっているではありませんか。アレー。変な予感が一瞬胸をよぎりました。カラスがくわえていったのか、ひょっとして風のイタズラで、まさかのホール・イン・ワンでは……。同伴者の先生方は、「アリャ、はいっとっばい！　小濵先生おめでとう！」。冷やかし半分、祝福半分。半信半疑でカップ内のボールを確認するまでは、ちょっと信じられませんでした。両先生やキャディの握手、競技終了後の青空会の池田弘幸会長、杉田祐保幹事長始め諸先生方から握手攻めにあったことは云うまでもありません。フロントでクラブの職員にホール・イン・ワンの手続き用紙を渡されて、最近ワン・オンもままならない、ましてやピン傍にも滅多に寄らないショート・ホールでのティーショットに、全然期待すらしていなかったこの珍事の実感がひしひしと感じられるようになりました。

椿事異聞の〝珍事〟

ホール・イン・ワンという椿事は、滅多に起こらないことから、〝ゴルフ競技者の夢〟とか、〝ありゃ下手のすることたい、まぐれたい〟とよくいわれます。実際そうかも知れません。競技終了後、昼食を皆さんととりながら、私の隣に座って居られたローハンディのシングルプレイヤー伊藤年徳先生をはじめ、青空会の錚々たる上手な先生達に聞いてみましたが、「僕もまだしとらんですよ！」といわれる先生方の多いのには吃驚しました。しかしホール・イン・ワンを経験した上手なプレイヤーも沢山おられます。

私のゴルフ仲間のひとりはハンディ0で過去10数回の経験者でもありますし、彼に聞きますと、大抵ピンを狙ってショットしたとか。また、下手な人でホール・イン・ワンをした実際にあった本当の話で、グリーン横の木に当たったのが転がり込んでカップに入ったとか、雲仙ゴルフ場で、さる先輩が（今は故人となられた方ですが）山越えの5番ホールで霧の中で打ったボールがどこに飛んでいったやら皆目判らないまま、確か前に飛んでいったようだと、同伴者やキャディさんと探しても探しても見つからず、なかば諦めて打ち直しにティーグランドに引き帰そうと帰りかけた途端、キャディさんが「アリャーカップに入っとるですたい！」で目出度くホール・イン・ワン達成された方もあります。

私の実際見た光景でも、クラブを振られる姿をあまり見かけないゴルフ不熱心なロータリークラブのさる先輩が、長崎国際ＧＣのＯＵＴ８番１５０ヤードのショート・ホールをドライバーで打ち損じて手前の池の水面を水切りショットして跳ね返りグリーンにワン・オンし、おまけにそのボールがカップに吸い込まれ、結果珍プレーによるホール・イン・ワンを達成されたのには吃驚しました。後が大変で、その晩は花月で芸者さんをよんでの祝宴に招かれ、その方の満面笑みをたたえたお顔を今でもありありと思い出します。その方にとっては本当に一生一度の快挙？ だったからです。偶然のイタズラか（私の今回の椿事は恐らく強い風のせいだったのでしょうが）、ときには、まぐれの良いショットが、それも一生に一度出るか出ないかの『まぐれ当たり』が【運】をもたらしてくれることもあるのではないか？と思いたいものです。

過去2回のHIO《ホール・イン・ワン》報告

過去2回の椿事もここで併せてご紹介します。日時、場所、ホール、使用クラブ、天候状況、球筋など覚えている範囲で列挙しますと、

最初の椿事：平成元年8月19日　長崎国際GC　OUT　4番ホール140ヤード　アイアン7番
フォロー・ウィンド　ワンオン　球筋　ドロー系（ファミリーコンペ）

2回目：平成7年1月15日　チサンCC森山　有明コース2番ホール　145ヤード　アイアン6番　アゲインスト・ウィンド　ワンオン　球筋　ドロー系（競技委員会競技）

今回：平成18年11月12日　長崎国際GC　IN　11番ホール　155ヤード　ユーティリティー6番　アゲインスト・ウィンド　ワン・オン　球筋　フェイド系（青空会・長崎ケーブルテレビ杯）

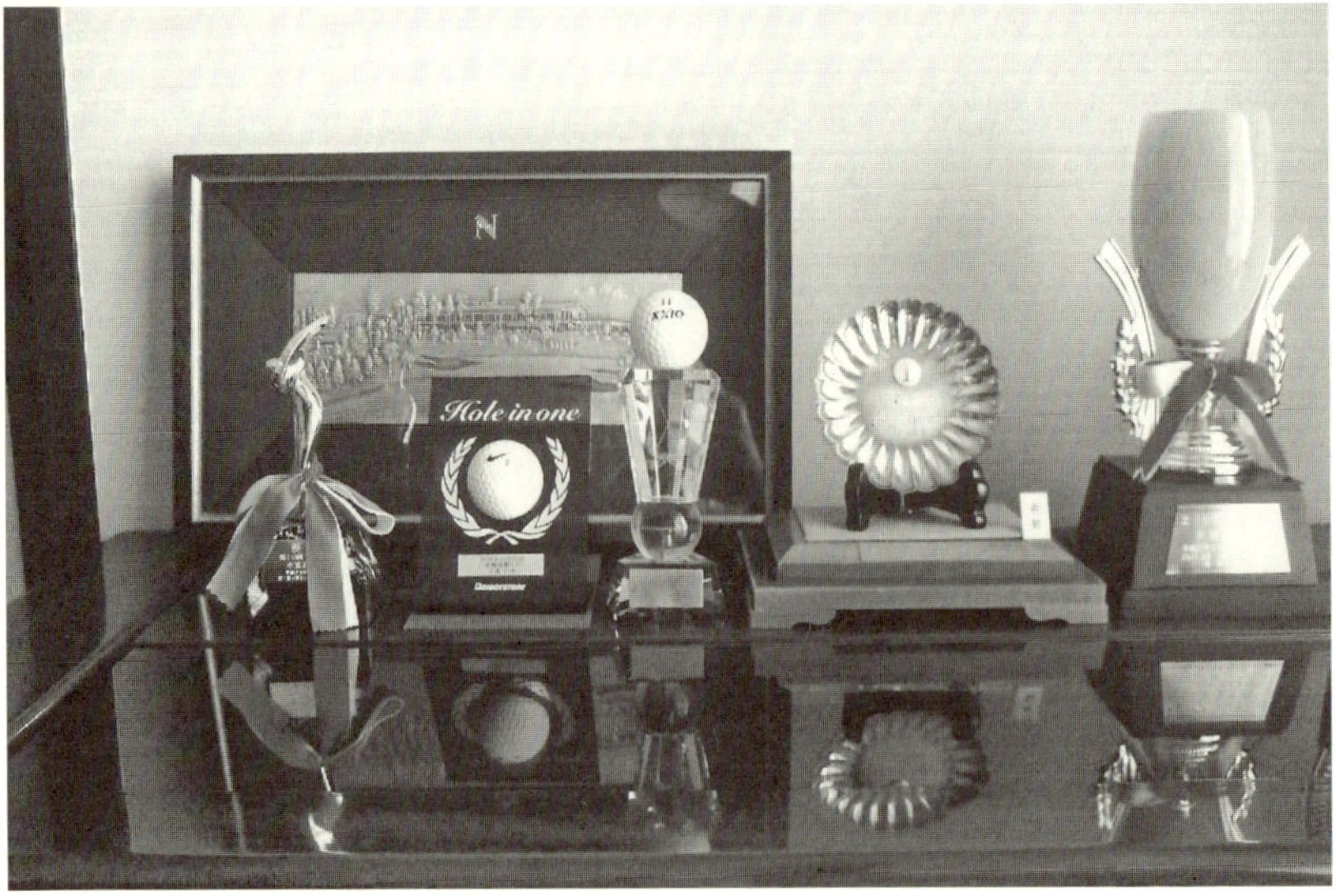

ホール・イン・ワンの記念トロフィー

ユーティリティーのヘッド・カバーに（XXIO U6 BREAKTHROUGH FOR FUTURE OF GOLF）と刺繍してあるので、BREAKTHROUGHとは見慣れない英語、辞書を引いてみたら［大発見、躍進、進展、打開、打破、突破］と出ました。2年前アイアン・ショットがあまりにも当たらないのを見かねた娘が「お父さんユーティリティーも使ってみたら」の助言で買い求め、2年後にこのような形で実を結ぼうとは思いもかけぬ事でした。娘のいうことも時には聞いてみるものです。

競技カードにエースの1と書き二重丸を付け、ちょっと嬉しくなりましたが、その次のホールがいけません。OBも出さないのにアイアンのチョロ連発で、なんと1ホールねじりパーの8も叩いてしまいました。よく聞く話ですが、ホール・イン・ワンの後はろくなスコアは出ないと。まったくその通りでしたが、なんとか8を出した割には後を締めてインを45で廻り、アウトも出だしからダブル・ボギーの連発でしたが、どうにか45でまとめ、上がってみると皆さん悪天候のせいか不調で、優勝の栄冠まで私に転がり込んできました。この滅多にない〝つき〟をこれからも大事に温め続けたいと思います。

ホール・イン・ワンの著明な記録

①最多記録　59回
　ノーマン　マンリー　米国
②最長記録　517ヤード
　マイケル・J・クリーン　コロラド州　2002年7月4日
③最高齢達成者　101歳
　米国フロリダ　ハロルド・ステイルソン
④最年少達成者　5歳212日
　イギリスのマット・ドレイバー

これらの記録はインターネット上の検索で、真偽のほどは不明ですが、特に②の最長記録517ヤードのホール・イン・ワンはどのようなコースでどのようにして達成されたのか？　私も知りたいし、ちょっと物議を醸しそうであります。

これらの記録を見て、私もまだ80歳、後1ヵ月経つと満81歳を迎えることになります。101歳のホール・イン・ワン達成の大先達には足下にも及びませんが、せめて1年でも長く青空会の皆さんと一緒にゴルフを楽しみたい、青空の下で白球を無心に追っかけて元気にプレーできたらと切に思っています。

（教室同窓会誌　平成19年・第50号）

2 ［続］今年の椿事（エイジ・シュートほか）（平成21年記）

年に2回のエイジ・シュート

一昨年（平成18年）、本誌に「今年の椿事（ホール・イン・ワンほか）」と題して投稿しましたが、ゴルフを楽しむうえでゴルファーが一度は夢見るホール・イン・ワンの偶然とはちょっと一味違うのがエイジ・シュート。偶然にも同じ年、異なるゴルフ場で、それも両クラブとも年に一回開催される開場記念競技大会のビッグイベントで達成できましたので、簡単にその記録をご披露させていただきます。（年寄りの自慢ばなしとお笑いください）

「年をとるとエイジ・シュートをしようと力んでもなかなか思うようにはいかんですぞ」「年をとれば段々エイジ・シュートが遠のくですよ」とは、ゴルファー仲間の数人からここ3、4年言い続けられた励ましとも、いい加減にその夢は捨てなさいという諫言の意味ともとれる言葉を耳にする日が続きました。実際、年を経るごとにドライバーの飛距離は目にみえて飛ばなくなり、アプローチもパットも寄らず入らずの退化現象が出て参りました。

ところが、何が幸いするのか不思議な変化、現象がここ3、4年、私に出て参りました。今まで飛距離の向上のみを練習の主眼にしていたのを、ミドル・アイアン以上は5、7番のウッドに換え、練習場ではもっぱら3番ウッドを中心に5、7番ウッドの球道調整と、9番、ピッチング、アプローチ両ウエッジの正確な球道修正に練習の大半を費やすようになりました。面白いもので、今まで3番ウッドでときどき出ていたOBや、アプローチミスが、だんだん少なくなり、ドライバーの飛距離は出なくても方向が安定し、スコアがまとまるようになって来ました。7アンダー、8アンダーが出てHDCPがおかしいとのありがたいようなちょっと迷惑な声を聞くようになり、長崎市医師会のゴルフ同好会「青空会」のシニアの部で、今までどうしても勝てなかった元チャンピオンの田栗雪雄先生に追いつくようになりました。青空会のシニア年間優勝回数も10月末現在で6回を数え（これは青空会の記録だそうです）、長崎国際GCをはじめ他クラブでの優勝回数も今までになく多く、今年はちょっとできすぎかなと思っています。

「青空会」では、産婦人科の、以前は高木忠一郎、松尾高保、高木聡一郎の各先生方が一世を風靡され、現在は県下のゴルフ界で島原の山崎裕充、佐世保の井上哲郎、石丸名誉教授、諫早の西醇夫、長崎では杉田佑保、田川博之先生方の錚々たる上手な方々が多いのは、各科の先生方が斉しく認めているところです。

スコアがまとまりだしたここ数年、3年前の記録（小濵正美鈍行記）で最後1メートルのパットを外してエイジ・シュートを逸してから、私のゴルフに対する意欲が変わって参りました。ひょっとすると吾輩もエイジ・シュートができるかもと。以来1メートルの最終パットをはずして大魚を逃したことが2回、3回と続き、ようやく念願の私にとっては天に昇るような結果を残せる年になりました。（エイジ・シュートへの道程ご笑覧ください）

高木先生、田栗先生をはじめ産婦人科の上手な先生は、5回、6回またはそれ以上成就された先生方もおられると思います。人一倍運動神経の鈍い私には、こういう経験をさせてもらっただけでゴルフをした甲斐があった、平成21年度はゴルフが私にくれた最大の贈り物の年だったと思う年の暮です。

11月3日文化の日に私のエイジ・シュート記念コンペをチサンCC森山で開催。石丸名誉教授から豪華な絵皿つきの祝電を、また、高木聡一郎先生からは記念トロフィーをいただき、95名の参加者の中に諫早から大先輩の安永先生をはじめ、県下各地から多数の産婦人科教室同窓会の先生方のお顔を拝見しました。当日はバタバタの連続で失礼いたしましたが、この誌上を借りまして厚く御礼申しあげます。

今年の椿事には、このほか、4月に内科の橋場名誉教授を中心に、新老人の会長崎支部を設立。7月1日に長崎ブリックホールで1400人を集めての日野原重明会長の設立記念講演会を挙行。不肖私が長崎支部世話人代表に推されました。

また、11月15日（この日は奇しくも竜馬の誕生日と命日ではありますが）長崎市丸山町丸山公園に大河ドラマ「竜馬伝」に因んで、坂本竜馬の銅像を建立。夜の銅座界隈を散策される時はぜひご覧ください。（余談ですが、予算800万円が、市民の寄付で1，200万円集まりました）

エイジ・シュートへの道程　小濵正美の鈍行記（③⑤達成）（①②④未達成）

①　時　　：2007年9月9日

場　所：チサンカントリークラブ森山（雲仙　有明コース）

競技名：国際ロータリー第9、10分区ガバナー補佐会懇親ゴルフ会

（吉田地区幹事退任慰労・阿部新ガバナー補佐激励）

同伴者：野﨑元治PG、田口厚PG、吉田正和PDS

天　候：晴天、暑い日差し

スコア：雲仙　40　有明　42　グロス　82

年齢（満　81歳9ヵ月）（年齢3ヵ月不足）

②　時　　：2008年12月10日

場　所：チサンカントリークラブ森山（橘　雲仙コース）

競技名：大久保彦HDCP委員長傘寿祝、陳名治理事、朝永重彦役員古希祝

同伴者：大久保彦委員長、陳名治理事、朝永重彦役員の3氏

天　候：うす曇り

スコア：橘　43　雲仙　40　グロス　83

年齢（満　82歳11ヵ月）（年齢1ヵ月不足）

③

時　　：2009年5月2日
場　所：喜々津カントリー倶楽部
競技名：開場記念大会
同伴者：森義則、田栗雪雄、村上幸三の3氏
天　候：微風、晴天
スコア：アウト　39　イン　44　グロス　83　（エイジ・シュート達成）
　年齢（満　83歳5ヵ月）達成

④

時　　：2009年5月31日
場　所：長崎国際ゴルフ倶楽部
競技名：シニア研修会
同伴者：寺崎昌幸、岡武の両氏
天　候：晴天
スコア：アウト　43　イン　41　グロス　84
　年齢（満　83歳5ヵ月）（年齢7ヵ月不足）

⑤

時　　：2009年8月8日
場　所：チサンカントリークラブ森山（有明　雲仙コース）

競技名：開場35周年記念大会
同伴者：山近史郎、山近明子、小濵道子の３氏
天　候：曇り
スコア：有明　42　雲仙　40　グロス　82（エイジ・シュート達成）
年齢（満　83歳８ヵ月）

（教室同窓会誌　平成21年・第52号）

エイジ・シュート記念盾とトロフィー

美女たちとエイジ・シュートを記念して植樹

祝賀コンペでの森義則氏のあいさつ

前原晃昭氏のあいさつ

3　マジェスティ全国誌の投稿より(平成22年春季号)

小濵正美(長崎県)

大正15年1月2日生まれの小生は今年で満84歳を迎えました。40数年青空のもとゴルフを楽しんでいます。苦手なアイアンショットが年ごとに重荷になり、ゴルフも熱が冷めかけていた矢先に、マジェスティのクラブを入手。昨年5月2日と8月8日に長崎県の①喜々津カントリー倶楽部　②チサンカントリークラブ森山(有明・雲仙コース)で生涯の夢とあこがれ続けていた念願のエイジ・シュートの記録を達成できました。

奇しくも両クラブとも年に1度の開場記念競技大会のビックイベントでの出来事で、特に喜々津カントリー倶楽部では開場記念競技大会でのエイジ・シュート達成は17年ぶりの快挙とか。グランドシニアの部での優勝の栄冠も併せ獲得できました。記念祝賀コンペには95名の球友が駆けつけてくれました。

過去、ホールインワンは3回達成しましたので、エイジ・シュートの方も残り少ないゴルフ人生の中であと1回(ちょうど語呂合わせではないですが3と3の3回ずつ)、それもゴルフを最初に始めた雲仙ゴルフ場か長崎国際ゴルフ倶楽部で達成できたら思い残すこともなかろう！　などと勝手に見果てぬ夢を追い続けている現在です。喜々津カントリー倶楽部で昨年植えた記念樹の八重桜が、この3月に満開の花を咲かせてくれました。妻と2人でいつまでも見とれていました。今年の夏はもう1本の百日紅のピンク色の可憐な花がチサンCC森山のゴルフ場を彩り、ゴルファーの目を楽しませてくれることでしょう。

4　後藤四郎さん97歳でのご逝去を悼んで（平成17年20日記）

すでにご承知の方も多いと思いますが、私どもの尊敬してやまなかった後藤四郎さんが、本年（平成17年）1月20日に逝去されました。奥様からの急報で、遂にこの日が来たのかと暗然とした気持ちで、入院先の時津の病院に向かいました。

2～3週間前、長崎市内の特別養護老人ホームに入院中のご夫妻をお見舞した時は、まだ歩行も可能で「小濵さん、この施設はタバコも満足に吸えん」とこぼしておられたので、付き添いのヘルパーさんに頼んで、吸える場所を探してもらいました。愛用の「フロンティア」1カートンに100円ライターを添えて次にお見舞に行ったときは、時津の病院に移転された後で、その足で時津の病院に向かって、病院長さんに容態を聞き、私の大先輩ですから宜しくお願いしますとお頼みして帰宅しました。

年が明けて再度時津の病院にお見舞いに伺ったときは、経口的な栄養補給が困難な状況で、こちらからの問いかけにも満足な答えが得られず、状況悪化に呆然として帰宅しました。奥様からの訃報はそれから間もなくのことでした。

ゴルフ復帰めざしたリハビリの甲斐なく

2年前の長崎国際ゴルフ倶楽部季報に「95翁のゴルフ～ゴルフ歴45年　老いたれど　今なお時にグリーンに立つ～」と題して後藤さんが特別寄稿された随想を会員の方々はある種の驚きと畏敬の念で目を通された方も多いと思います。一昨年（平成15年）10月毎日続けられていたゴルフ練習場通いでつまずかれ、大腿骨骨頭の骨折で病床に臥されるようになりました。幸いにも手術の経過もよく、一時快方に向かわれていました。しかしご高齢のことでもあり、なかなか以前のような足取りは望むべくもありませんでしたが、歩行練習やバーベルなど駆使して懸命にリハビリに努められ、病後の回復・ゴルフへの復帰を楽しみにしておられました。

後藤さんに逝かれて、ゴルフ場でのあの勇姿あのプレーに二度とお目にかかることはできなくなり淋しい思いでいっぱいです。

花月で「ニコニコ送る会」

《ニコニコ　にっこり、てきぱきと、ありがとう、ご苦労様　をモットーに97歳の天寿を全うした後藤四郎の霊界への旅立ちを、楽しくお祝いしたい。場所は後藤が生前何回も通った「花月」で》とのご遺族のご意志に沿う形で、2月12日〝史跡料亭花月〟で60名の後藤さんに縁のあられた方々が「後藤さんをニコニコ送る会」に集まりました。

後藤さんが生前世話役を務められ、450回、500回記念大会にも元気で参加された九州電力『電友会』主催で、遠くは米国在住のお孫さんや、東京からは「ミハタ会」、博多からは九州電力㈱佐藤光昭副社長、㈱アクロス館長・白井司氏をはじめ池松勢三郎九州電力㈱長崎支店長、中部長次郎電友会世話人代表、地元からは電友会会員や後藤さんにご縁をいただいた方々が馳せ参じました。

花月の庭園を見渡せる「竜の間」で、献杯のあと後藤さんを偲ぶいろいろな思い出話に花が咲きました。特に初めて聞く後藤さんの武勇伝、逸話、艶話など、最後の連隊旗手を勤められた東京からお越しの石松さんのご披露話には出席者全員抱腹絶倒、笑いがなかなか止まりませんでした。奥様の世都子さんも吃驚され大笑いされていました。

格調高く、検番の舞い〝梅と桜〟

当日特に生前、後藤さんがよく指名されていた長崎検番の綺麗どころが揃いましたが、その中のひとりが私に「ご法事に踊るとですか?」と吃驚して問い合わせましたので、今日のご法事は生前の後藤さんを偲び、お送りするのにもっとも相応しい常識外のちょっと珍しいお別れ会で、「後藤さんもニコニコ喜んでホラあそこから観ておられるけん頼むよ」とお願いして、格調高い〝梅と桜〟と〝長崎ぶらぶら節〟を選んでもらいました。

〝梅と桜〟はその名も佳し、戦時中、満州・中国大陸の第一線で国を護る日本陸軍の最前線指揮官として獅子奮迅の活躍をされた〝軍人　後藤四郎連隊長〟に贈る最高の舞、時は早春、ちょうど庭園の白梅も満開で気高く凛として香気を放っていました。

〝長崎ぶらぶら節〟は長崎をこよなく愛された後藤さんへ長崎検番が贈る長崎ならではの舞、ともに後藤さんの霊界への旅立ちに相応しい最高の献舞と感じ入りました。

〝梅と桜〟は長崎検番の今年の〝初弾き〟に披露された踊りだった由、後藤さんもさぞ喜ばれたことでしょう。

舞台の背景には国旗日の丸を掲げ、その前で踊る検番の綺麗どころも緊張の趣で、踊りもひときわ格調高く、列席の皆様も異口同音に「日の丸も映え、踊りもいっそう踊り映えのすってですな」と感嘆されていました。

ご令息夫人の献舞、フラダンスに感銘

もうひとつの献舞はご令息後藤邦之氏夫人美夏さんの率いるハワイ・フラチーム一行のフラダンスでした。それこそご法事にフラダンスとは？　と皆さん奇異に感じられたかもしれませんが、美夏夫人はハワイ・フラダンスの正統派。我々が普通目にするハワイアン・スチールギターの伴奏で踊るフラダンスとはちょっと趣が変わっていました。日本で宮中や神の御前で踊る巫女さんの舞にも似た、神に捧げる踊りとも聞きました。ハワイ・フラダンスの古典舞踊とでも申すのでしょうか、お父君にささげられる美夏さんを中心に4人の踊り子達の敬虔な祈りにも似た原始的な踊りには、美夏さんの解説も相俟って粛然として予想外の感銘をうけました。

緊張した宮様との同伴プレー

私事になりますが、後藤さんは陸軍士官学校の19期先輩で、後輩の私をよくご指導いただきました。過ぎる年、過ぎるとき、雪や霰の悪天候の中でチサンカントリークラブ森山で行なわれた長崎偕行ゴルフ大会では先頭に立って、「これしきの雪や霰は満州の第一線を思えば何のことはない」と後続のメンバーを叱咤激励された勇姿を今も忘れることはできません。

また、ある時は士官学校で1期後輩であられた42期の竹田宮恒徳王殿下を長崎国際ゴルフ倶楽部にお招きし、共にプレーを楽しまれたこともありました。たまたま、私が宮様との同伴プレーヤーを命

ぜられ、お供をすることになりましたが、後半雨に見舞われてインの17番で残念ながら中止せざるをえなくなりました。先輩たちは終始ニヤニヤ笑いながら私のプレーを見守り、小生は緊張の連続でありました。

宮様に下手なショットで笑われないように、しかも失礼にならないようにとスコアどころではなかったのですが、シングルになりたての頃で、確かアウトを39、宮様は私より18期先輩の年長者にも拘らず41で回られ、インも16番までよい勝負でした。やんごとなきお方にしては大変お上手だなと感服いたしました。その時のカードは残念ながら散逸してしまい、返す返すも惜しい気がいたしました。プレー後、長崎国際ゴルフ倶楽部玄関前で宮様を中心に一同で記念写真を村川プロに撮ってもらいましたが、もし保存してあれば貴重な倶楽部の記録写真になるのですが。

陸軍士官学校には皇族の方々も多数学ばれ、私の記憶だけでも北白川宮成久王(20期)、秩父宮様(34期)、竹田宮様(42期)、北白川宮永久王(43期)、三笠宮様(48期)がおられます。竹田宮様や三笠宮様には小生も以前お目にかかりましたが、お二方様とも気さくな方で、後輩の私ごとき者にも気軽にお声をかけていただきました。長崎国際ゴルフ倶楽部での竹田宮様の堅実なショットは今も脳裏に鮮やかに浮かびます。

後藤さんは1期下の竹田宮様とは特にご昵懇で、その後も長崎によくお招きをしておられました。

長寿の人生訓「なるべくイズム」

写真は、後藤さんがお元気で年に150回以上もラウンドされていたころ、確か1997年頃の事

ありし日の後藤さん　左から大坪嘉昭、福井順、後藤四郎の各氏と筆者

ですが、長崎南ロータリークラブのゴルフ会に特別にご招待したことがありました。お元気なプレーに皆頭が下がり、長寿のお話などうかがい、賞品の大型カラーテレビに大変喜ばれて帰られたことを懐かしく想い出しています。記念写真（上）は福井順先生と当時の大坪嘉昭会長と私です。

最後に後藤さんが私達に残された偉大な人生訓「なるべくイズム」長寿の秘訣と、「日本陸軍歩兵の歌」を列記して、神の列座にお加わりになった後藤四郎命が天上から下界の私どもをニコニコとお導き、お見守り下さることを祈念し、鎮魂の辞に代えさせていただきます。

長崎国際ゴルフ倶楽部季報　抜粋　（平成15年記）

95歳のゴルフ　後藤　四郎

本年の年賀状に私は　ゴルフ歴45年　老いたれど　今なお時に　グリーンに立つ　と書きましたが、50歳のときに始めたゴルフを95歳の現在まで45年間の長きに亘って楽しんでおります。今から25年前、70歳になったとき、「ヨーシ70歳代になったら老化防止のために月10ラウンド以上頑張ろう」と思い立ち、それをそのまま実行しました。満80歳の時、1年間に173ラウンド（月平均14ラウンド）プレーしたのが最高記録です。

開腹4回　縫合54針　500回を数えるコンペ「電友会」　20時就寝4時30分起床　生きている間、生きて居れば　ニコニコと有難うのこころ……。

昭和8年、満州国の独立守備隊へ　2・26事件関与の疑い、重謹慎30日　昭和天皇御手から軍旗を拝受　軍旗焼かずNHK「私の秘密」に軍旗と出演。

長寿の要訣（なるべくイズム）

① なるべく陽気に暮らすこと
② なるべく呑気にかまえること
③ なるべく怒らぬこと

④　なるべく笑うこと
⑤　なるべく喜ぶこと
⑥　なるべく陰気な話をしないこと
⑦　小善をその日その日つづけて、積みゆくこと

歩兵の歌（歩兵の本領）

1　万朶の桜か襟の色
　　花は吉野に嵐吹く
　大和男子と生まれては
　　散兵線の花と散れ

2　尺余の銃は武器ならず
　　寸余の剣何かせん
　知らずやここに二千年
　　鍛え鍛えし大和魂

3　軍旗を護るもののふは
　　総べてその数二十万
　八十余所に屯して

武装は解かじ夢にだも

4　千里東西波超えて
　われに仇なす国あらば
港を出でん輸送船
　しばし守れよ海の人

5　敵地に一歩われ踏めば
　軍の主兵は此処にあり
最後の決は我が任務
　騎兵砲兵　任につけ

6　アルプス山を踏破せし
　歴史は古く雪白し
奉天戦の活動は
　日本歩兵の粋と知れ

（7、8　は略します）

9　わが一軍の勝敗は
　突喊最後の数分時
歩兵の威力はここなるぞ
　花散れ勇め　時は今

10

ああ勇ましき我が兵科
会心の友よ来たれいざ
共に語らん百日祭
酒盃に襟の色うつし

5 長崎国際ゴルフ倶楽部との「絆」（平成25年1月記）

新年明けましておめでとうございます。宇宙衛星で世界の情報がリアル・タイムに把握できるようになりますと、時間の観念が想像を絶します。また一段と一年の経つのが早く感じられるようになりました。大正15年生まれの言わば戦前派の一人である私にとって現世《うつしよ》は、まさに想像を絶する夢のような世界です。昨年、京都大学の山中伸弥教授が「iPS細胞（人工多能性幹細胞）生成によるノーベル医学生理学賞を受賞」の快挙を成し遂げ、暗い世相が瞬間的に明るくなったような気がしました。今年も佳いことがあればいいですねと何かに期待できそうです。

87年の来し方をふりかえれば色々な思い出がよぎります。医師を職業に選んでから職業関係を問わず、色々な方々との出会いがあり、交遊が生まれ、その中から「ゴルフ」という生涯かけての趣味を教えてくださった方々に感謝の念を禁じ得ません。ゴルフとの深い絆《きずな》、かかわりは長崎国際ゴルフ倶楽部なしでは語れません。

ゴルフとの出合い

教室を出て丸山町で開業した昭和36年ごろ、運動不足で体を持て余していた私を見て、医学部も教室も共に過ごした十善会病院産婦人科部長山本嘉三郎君に誘われ、クラブを握ったのが最初でした。お師匠さんは近所の福砂屋の先々代社長の殿村史郎さん。こと、ゴルフに関してはルール、マナー、エチケットにきびしく風格のある方でした。当時の長崎のゴルフ界は、今は亡き長崎県議会議長の林田作之進さんや、殿村史郎さん、澤山精次郎さん、中部長次郎さんたちがご健在で、長崎にゴルフ競技を紹介された草分けの方々でした。ゴルフ場は福田と雲仙の２ヵ所だけしかありませんし、練習場は後で西町に出来た1ヵ所だけ。

殿村さんに教えを乞うた仲間に、当時、十善会病院の岩永光治院長、高木聡一郎さん、高木忠一郎君、前述の山本君で、後で岩永昭二君や田中直一さん達も入られ、休日は福田か、雲仙で殿村さんを中心に親睦ゴルフを楽しみました。雲仙で当時、大学を卒業されたか学生だった頃の山下新太郎さん（現九州ゴルフ連盟理事長）が若手で飛び入り参加され、初心者の私が7番ショート・ホールでティー・ショットを右のバンカーに入れ、第2打をバンカーから直接カップ・インして生まれて初めてバーディなるものをとり、皆さんの度肝を抜いた思い出、その時でしたか山下さんから「フォロースルーは大きくとりなさい」と教えられたのを今でも思い出します。

その後、ゴルフ熱が盛んになり、長崎市内開業医でゴルフをされる人たちに呼びかけ、青空会（現在の長崎市医師会ゴルフ同好会青空会）を立ち上げ、休日ともなれば雲仙、福田でゴルフを楽しみました。

創立時の長崎国際ゴルフ倶楽部の思い出

長崎国際ゴルフ倶楽部は来年（平成26年）開場50周年の意義ある大きな節目を迎えます。昭和39年開場当初から正会員としてお世話になったものとして心からお祝い申しあげます。「諫早に立派なゴルフ場ができますよ」と取引銀行の紹介で初めてゴルフ会員権なるものを取得しました。以後、勧められて喜々津、大村湾、雲仙、読売チサン森山ゴルフクラブの会員になりました。宇部カントリー倶楽部万年池コースでラウンドしたとき、役員の旧制高校の先輩から入会を薦められましたが、遠隔地で年に1回行けるかどうか迷って、結局お断りしました（当時54ホール、現在72ホール、入会金は当時５００万でした）。入会していれば名門万年池コースで年に何回でも楽しめたのにと、今にして思えば後悔しきりというところです。

長崎国際ゴルフ倶楽部は昭和39年開場当初のころは、今と比べて会員が少なく（ゴルフ熱が今ほど盛んでなく、ゴルフ人口も少なかったので）、日曜、休日でもコースは閑散としていました。1日10組もあればよい方で、前も後ろもプレーヤーの姿はなく、グリーンの横で寝ころがって、ピクニック気分で雲雀の声を聞きながらサンドイッチを頬張ったり、コーヒーを飲んだり。試合ともなれば少し早めに出かけて、練習場がまだ出来上がっていませんので、1番ホールのティーから10球ぐらいフェアーウェイの真ん中めがけてドライバーショットの練習をして、打ち終わったらキャディさんがボールを拾い集めて持ってくるというような、今では信じられないぐらいのんびりしたものでした。乗用カートはもちろんない時代ですから、皆歩きのプレーで、18ホールは少ないほうで27ホール、時に36ホールもラウンドしました。後年、福田ゴルフ場でご高齢の脇山勘助翁が一人で歩きながらプレーされていたのを見受け、浴場で一緒に汗を流しながら長生きの秘訣（食事療法）などをお聞きしたものでした。「特にありませんよ。朝ごはんは味噌汁とたくあん、時にめざし、朝ごはんの量は茶碗2杯」とお聞きして、あのお年で朝から2杯もたべて長生きされるのだから食事制限をことさらする必要はないと、変なところで納得して胸をなでおろした思い出があります。

粗衣粗食、ご飯は3度3度きちんと食べなさいとの健康長寿の教えだったのでしょう。

今は亡きゴルフの先輩、球友たち

たまたま見知らぬ同伴者とゴルフを楽しむ時は、世に言う「一期一会」にも似て、心に残るものですね。今まで国外、県外、県内を問わず、コースで初めてお会いして挨拶を交わし、たった1回きりのプレーでお別れした方が数えきれないぐらい多いですが、皆さんその後未だゴルフを元気で楽しんでいらしゃるのでしょうか。

もう20数年前になりますが、旧制高校（鹿児島の旧制第七高等学校造士館）のクラス会が東京であり、千葉県の袖が浦ゴルフ場でプレーしたことがありました。同伴者で高校時代同じラグビー部で寝食を共にし、卒業以来初めてプレーした友人が、奥さんからの年賀状で昨年急逝したのを初めて知りました。たまたま袖が浦の役員をしていた級友から記念にもらったクラブの帽子が、今も私の家の居間に飾ってありますが、その帽子を眺めるたびに、名門袖が浦ゴルフ場で初めてで最後のプレーをした級友の勇姿が思い出されます。

長崎国際ゴルフ倶楽部で会員に親しまれ、95歳までゴルフを楽しまれた後藤四郎大先輩の思い出も強烈です。九州電力主催の電友会は昨年６００回の長寿を迎えましたが、私を電友会に誘われたのは後藤先輩であり、以来30数年西日本グランドシニアゴルフ大会や電友会でお供をしてお世話になりました。「ニコニコにっこり」を合い言葉に、亡くなられたあと、後藤さんをニコニコ笑いながら冥界に送りましょうと、長崎丸山の料亭花月で芸妓さんたちを交えて、にぎやかに送別の宴を開いた経緯は当クラブ季報に「後藤四郎さんを偲んで」と題して投稿させていただきました。

その記事の最後に今は亡き竹田宮恒徳王殿下と私が長崎国際を同伴プレーした思い出も紹介させて

いただきました。後にも先にも宮様とゴルフをしたのはこれがはじめてでした。

「緊張した宮様との同伴プレー」と題して拙文を認めました。（前述倶楽部季報）お二方とも今はなく、ゴルフを通しての佳き思い出を与えていただきました。

苦しみも楽しみも

ゴルフをはじめていろいろと苦しみも、また、他に得られない楽しみも味わいました。苦しい思い出の筆頭は、昭和40年代、私がゴルフに打ち込んでいたころ、スコアが少しまとまりだして、楽しくてしようのない時代でした。徐々にハンディも昇進し、HDCP11のころ、なかなか10の域に辿りつきません。仲間からはシングル候補生とおだてられ、口の悪い球友からは万年11と冷やかされる日々が続きました。当時、長崎市内のS東美ビルの屋上にゴルフ練習場があり、社長のシングルプレーヤー佐々木春美さんや、一山、浜脇、相島さんらの錚々たる当時の長崎国際ゴルフ倶楽部代表選手が名を連ねて、毎日誰か顔を出しておられました。そのころ実地に指導を仰いだ長崎国際ゴルフ倶楽部の吉岡プロに毎週1～2回の特訓をうけました。

プロの指導よろしきを得たのか、練習の成果が出たのか、スコアがまとまりだし、時にハーフ30代が出るようになり、HDCPも10に昇進し、間もなくHDCP9の夢も実現しそうになりました。それからが苦しみの始まりでした。なかなかシングル位規定の枠に入れません。ハーフ37が出たと思えば、バックナインで45たたき、チグハグの日々が続きました。それを打ち破ったのが吉岡プロの一言でした。「30代を出すと思わないで、40、40ぐらいでいいやと思いなさい」と。要するにあまり力まずに平常心でプレーしなさいと。凡人の身、なかなか平常心は保てません。苦しい思い出のひとつでした。

もうひとつの苦しい思い出。昭和52年8月に九州インタークラブ選手権決勝大会が鹿児島の南九州CCであり、たまたまトップで地区優勝した読売チサンCC森山は佐世保CC、長崎国際GCの両クラブと長崎県代表で出場しました。当時、私はチサンの会員でもありましたので、チサンからシニアの部で僥倖にも私に出場の機会がありました。当時は九州大会に出場しますと、出場した各選手のスタート・ホールのティーショットを写した時計つきの大きな写真が貰えて、後年一緒に出場した佐世保CCの島本さん（九州ゴルフ連盟の競技委員長を長くつとめておられましたが一昨年急逝）と競技大会の役員会で会えば、記念写真にはじまり鹿児島大会の懐かしい思い出話をよくしたものでした。

南九州決勝大会では、当時多忙をきわめた外来患者さんの診療や、大会2日前まで帝王切開手術や開腹手術の処置を含めゴルフの試合どころではなかったのですが、大学教室から応援医師の援けをかり、何とか出場できるようになりました。運悪く3ヵ月前の左手首の軽い骨折が完全に治癒していません。再三出場を辞退したのですが、競技委員長の口説きに負け、万全な状態ではないまゝ出場せざるを得ませんでした。せっかくクラブ代表で出場するからには他の選手に迷惑はかけられないと責任上からも心身ともに緊張と不安の毎日でした。不満足な成績に終わりましたが（チサンCC森山クラブ季報、拙書「吾以外皆吾が師なり」に掲載）得難い経験を積ませていただきました。

事故外傷より復帰

自分史の中に「ゴルフ」に関して、いろいろ書き連ねました。思い出の九州インタークラブ選手権大会をはじめ、ヒトケタ繁盛記、旅とゴルフ、ゴルフに学ぶべきこと伝えるべきこと、20周年を彩る長崎国際ゴルフ倶楽部食堂の変遷（長崎国際ゴルフ倶楽部20年誌）、長崎国際ゴルフ倶楽部ハンディキャップ委員長に就任して、九州ゴルフ連盟総務委員に就任して、読売チサンCC森山キャプテンに就任して、キャプテン随想、電友会の思い出（500回大会に寄せて）、長崎市医師会ゴルフ同好会（青空会）など、思うままに駄文を書き連ねました。自分史は長崎市立図書館に永久保存収納されましたので、立ち寄られた折でも立ち読みでもしていただければ光栄です。

一昨年の1月2日、当倶楽部新春打ち初め杯競技後、靴洗い場で滑って転倒し、頭を強打、左上腕骨骨折、左耳裂創の大事故に遭い、大村国立病院に3ヵ月の入院、1年間のリハビリ生活を余議なくされました。一時ゴルフクラブは生涯握れぬと断念し、ゴルフ生活ともお別れかとあきらめの境地でしたが、幸いにも何とかラウンドできるようになりました。ご心配をおかけした当倶楽部役職員の皆様やキャディーさん、元気づけお励ましをいただいた会員の皆様方にこの欄を借りて厚く感謝、御礼を申しあげます。

今年の夢

皆様にお付き合いいただいて長い年月ゴルフを楽しませていただきました。ゴルフの道にお誘いくださった今は亡き師匠の殿村史郎さんや山本君をはじめ、お付き合いいただいたプレーヤーの皆様に心から感謝申しあげます。ホール・イン・ワンもエイジ・シュートも経験させていただきました。あと欲を申せば今年の夢として、未達成の当倶楽部8番と14番ホールのホール・イン・ワンと、当倶楽部でのエイジ・シュート達成。見果てぬ夢かもしれませんが、せめて安永、田栗両先輩の年代まで、今年も下手は下手なりに元気と勇気をもってチャレンジして参りたいと思っています。

皆様のご指導、ご鞭撻をよろしくお願い申し上げます。

6　長崎国際ゴルフ倶楽部50周年座談会　発言要旨（余話）（平成26年8月記）

1. ゴルフ歴
教室を出て、開業して直ぐのころですから、ざーっと52〜53年ぐらいでしょうか。

2. ゴルフ場ができるまで
以前、開場10周年特集号で読んだのですが、当時の中部悦良さんが今の大村湾CC付近がよいと大分乗気だったらしいですね。何度も見にゆかれて長崎から大分遠いということで諦められたらしいですね。現在の国際GCの場所は、当時飛行場ができるというフラットな話題の場所にヒントを得て、小山さんとかNBCの鈴木従道初代社長あたりが目を付けられたとか。場所の選定に大分苦労されたみたいですね。

3. 当時ゴルフが社会的にどういう見られ方をしていたか？
そうですね。当時の時代的な背景を一言で言えば戦後、日本が経済的にも復興して漸く「ゆとり」

が出てきた時代でしたかね。戦前のある意味で特権階級の金持ちの人達の遊び・スポーツであったゴルフが漸く大衆に受け入れ始められた最初のころではなかったかと思います。医師会仲間でもぼつぼつゴルフを習うか、始めようかという人達が出てきましたね。青空会という長崎市医師会ゴルフ同好会もこうして始まりました。今日、一般大衆の楽しめるアウト・ドアーのスポーツとして、これほどまでに普及するとは誰も予想しなかったのではないでしょうか。

4. 開場すると聞いてどう思ったか?

私が産婦人科を開業当初、近くの福砂屋の先々代社長の殿村史郎さんと、十善会病院の産婦人科部長の山本君にゴルフを勧められて、健康増進のためと、興味半分に始めたのですが、九州でも一番の立派なゴルフ場がすぐ近くの諫早にできると聞いて、大変関心がありました。十八銀行さんから勧められて、直ぐ飛び付きました。

5. 入会当時は?

全然さまになりません。殿村師匠、吉岡プロに大変鍛えられました。

6. 思い出、嬉しい出来事

開場記念の祭りが面白かったですね。花火が打ち上げられたり、金魚すくいがあったり。

7. 好き、嫌いなホール

好き　ホール・イン・ワンした4番、11番、また出はしないかと? 16番は初めてイーグル出したところ。

嫌いなホールは12、13、14、15番

8．長くプレーできる秘訣？

私がお聞きしたい。私はただ、体と心の持ち方。体は親からもらったものだから贅沢は言えませんね。ただ飲み過ぎた翌日は絶対よいスコアは出ないし、スコアの良い、悪いが翌日の健康を左右しますね。スコアをあまり気にしなくなれば健康によいのでしょうけど、凡人の悲しさ仕様がありません。スコアを抜きにして健康ゴルフ、健康体操のつもりで最近は休日は努めて汗かきにゴルフ場に出かけるようにしています。

9．これから国際をどういうゴルフ場にしたいか？

メンバーの方には名門ゴルフ場としての誇りと品位を。

ビジターの方には、もう一度国際にチャレンジしたい意欲をかき立たせるようなコース管理と整備を。

長崎国際ゴルフ倶楽部「50周年を語る」座談会（余話つづき）（平成26年8月8日記）

倶楽部創立以来、今日まで私の人生で50年もお世話になった一会員として、まず心から倶楽部に対する感謝と御祝いを申しあげたい。私が何とか米寿を超え卒寿を迎えられる年まで健康を維持できたのもゴルフのお陰で、長崎国際の月例競技には努めて出場するように心がけています。暑い日も寒い小雪の降りしきる日もよくもまあ飽きもせず50年もゴルフ場に足を運んだものですね。

開場当時の思い出としては昨年のクラブ季報に「長崎国際ゴルフ倶楽部との絆」と題して拙い文を寄

稿しました。95歳までコースを廻られ、長崎国際を愛された後藤四郎さんの思い出とか、竹田宮様が国際にいらした時、後輩の私に指名があり、緊張してラウンドした思い出などを認めました。あの中に触れてないことどもを思い出して述べてみたいと思います。

創立以来今日まで沢山のメンバーの方々にお世話になりました。歴代の理事長、理事、委員長や事務局の方々はもちろんですが、専属プロの吉岡プロ、川上プロ、村川プロにはいろいろの思い出があります。吉岡プロには若いころ、運動神経の鈍い初心者の私を鍛えていただいたし、村川プロには私が食堂委員長のとき、今は亡き山口喜利副委員長、中川哲雄、中村貞嘉、末次亘、宮川弥太郎、佐々木いつ子、黒木恒巍、植村静次各委員さん方と九州の名門ゴルフ場の見学によく一緒に出かけ、よそのゴルフ場の食堂、食事メニューなど勉強させていただき、お世話になりました。当時、全国のゴルフ場で、食堂委員会のあるゴルフクラブは、伊豆のサザンクロスリゾートクラブだったと思いますが、そこと長崎国際だけだったと聞いたことがあります。（サザンクロスの委員長はＴＶの深夜番組の司会で有名だった大橋巨泉さんだったと思います）

食堂委員会は会員の食事に対する苦情処理委員会みたいなもので、会員の希望を満たすには大変な苦労がありました。食堂は開業当初からクラブの自主管理、業者委託経営の形をとっていました。開場当初は長崎の老舗料亭富貴楼、次が諫早の魚荘、３代目が長崎のレストラン経営者の大川内さんでした。各経営者もご苦労が多かったようですが、皆さん熱心に経営されていました。食堂委員会も幅広い会員の食事の好みの問題をどの程度満足させ、食事に対する不平・不満を解決させることができるか、名門クラブとして恥ずかしくないような格調ある食堂の運営に気を配りました。詳細はクラブ創立20周年記念誌に「20周年を彩る食堂の変遷」として1文を載せていますのでご覧下さい。創立20周年のころは、入場者も多く、食堂や茶店の売り上げも相当なもので、食堂で年間64，000～67，000千円、入場者1人当たりの利用額1，200～1，250円、茶店収入も年間16，000～17，000千円、入場者1人当たりの利用額は311円にあたり、クラブへの還元も5，000千円前後はありました。入場者も多かったですね。

食堂委員長のあと、澤山精次郎さんの後を受けて、2代目のHDCP委員長を仰せつかりました。当時の中部長次郎理事長と澤山さんに口説かれて就任しましたが、シングル候補者の選考に委員の方がたと頭を痛めました。競技成績は良くてもマナーの点で会員の不評を買った候補者もいましたね。シングルになる方には相応の競技成績も必要ですが、他の会員の模範になるような品格がなければいけませんよね。HDCP委員会では新部富夫、宇都宮万平、松尾高保、西山寿三郎各委員さん、吉岡、村川専属プロに大変お世話になりました。現在、川添委員長さんでご苦労も多いと思いますが、会員のHDCPの査定も大変ですね。

「命長ければ恥多し」と兼好法師は諭されましたが、今心がけていることはスロープレーにならないように、マナーに気をつけて、同伴者の方々と楽しい思い出作りの1日になれたらと思います。あと何年プレーできるか判りませんが、よろしくお付き合いのほどお願い致します。

7　チサンカントリークラブ森山理事長に就任して（平成28年4月記）

会員の皆様には日頃チサンカントリークラブ森山をご利用いただきまして厚く御礼を申しあげます。

平成27年の理事会において、不肖私が理事長に推挙され、本年4月1日に就任いたしました。一言就任の御挨拶を申しあげます。

このたびチサンカントリークラブ森山理事長という大変な重職を拝命し、身の引き締まるような思いでございます。浅学非才その器ではありませんが、クラブ創立以来現在まで私を育ててくれましたチサンカントリークラブに御恩返しのつもりでお引き受けいたしました。微力ではありますが当クラブの健全な運営を目指して邁進していくつもりであります。理事役員をはじめ会員の皆様からの御指導、御叱正、御協力をいただきますように心からお願いを申しあげます。

当クラブは、創立42年の実績をふまえて27ホールを持つ余裕のあるコースの特性と、雲仙普賢岳を望む最高のそして雄大なロケーションをもつ特性を併せ持っておりますので、この特性を活かして内容・質ともに長崎県の代表となるようなゴルフ場を目指したいと思います。

具体的に申しあげますと、

①　健全な運営を左右するものは健全な経営の安定化でありますが、そのためには先ず入場者の増加、収容率があげられます。役員や会員の皆様方を中心に会社や企業、団体、更にはお友達へご来場の勧誘をよろしくお願いいたします。

広瀬前理事長を囲んで理事の皆さんと

② チサンゴルフ場はいつ行っても気持ちよくプレーできるというようなサービス、プレーヤーのマナーの向上を呼びかけたいと思います。特にビギナーやマナーの悪い方には優しく、時には厳しい注意ができるように分科委員の方々やフロントに呼びかけを促していただきたいと思います。

③ 少子・高齢化社会に即応して青少年ゴルファーの育成、高齢者ゴルファーへのサービスも欠かせない集客率の向上につながるものと思います。特に年々増えつつあります高齢者プレーヤーの来場を増やす意味での対策も喫緊の課題と申せましょう。そのための積極的な問題提起や対策も必要でございます。

④ レディース会員の増加

以上、理事長就任に当たり当面の問題点を列挙し、お願いと抱負の一端を述べさせていただきました。会員皆様方がチサンカントリークラブ森山を健全に充実、発展させていただきますように心からお願いを申しあげ、重ねて皆様方の御健勝とゴルフライフの充実、ご多幸を祈念申しあげ、御挨拶と致します。

8　卒寿後のエイジ・シュート（平成28年7月記）

優勝より価値あるエイジ・シュート

医局を出て開業医になって数年、肥満予防と運動不足を補う意味で始めた私のゴルフは、半世紀を超えた。私の最初のお師匠さんは長崎のゴルフ界の草分け的な存在の方で、いろいろな趣味を持っておられたが、いちばん長続きをしたのはゴルフですよと練習の合間によく口にされていた。

ゴルフを始めた当初は、ただがむしゃらにボールを打つことだけに専念していたが、だんだん欲が出てきて最初いただいたハンディキャップ30を少しでも上げたいと思うようになった。20代になり、さらに練習が実って10代に躍進するようになってホール・イン・ワンという言葉を身近かに聞くようになった。まだこのころはエイジ・シュートという言葉すら知らなかった。

20数年前、喜々津ゴルフ場でご年配の銀行マンが開場記念競技でエイジ・シュートを達成されたとか、私の古い友人で、ゴルフの上手な某君が雲仙国際大会で70代のエイジ・シュートを出して優勝した新聞記事で、優勝よりエイジ・シュート達成の記事が大きかったのを見て、初めてエイジ・シュートの意義を知った。

ここ数年、年を取るとエイジ・シュートが出やすいとか、反対になかなか出にくいものですぞと両方の声をよく耳にする。私のエイジ・シュートは昨年、といっても平成27年4月24日喜々津ゴルフクラブのシニア・レディース競技会で（同伴者はベテランの川添・田栗・石橋の3氏）、9回目のエイジ・シュート（満年齢89歳グロス87）が出て以来1年以上が経ち、球運に恵まれず、卒寿を迎えたこの高齢ではエイジ・シュートにはもう縁はないと半ば諦めかけていた。ところが今年に入って、あと1打でエイジ・シュートという日が2回出てきた。残念さを通り越してひょっとしたら吾が輩にも未だ球運は残っているかもという淡い希望の日々が続いた。

電友会664回にその日がきた

平成28年6月18日土曜日に、その日は突然やってきた。場所は長崎国際ゴルフ倶楽部。第664回電友会の当日である。スタート表を見て同伴者の顔ぶれにびっくりした。長崎自動車嶋崎社長、長崎放送東社長、鳥巣会計事務所鳥巣所長さんの、かねて聞く飛ばし屋の皆さんである。スタートしてみて3氏のドライバーの飛距離に、改めて畏敬の念を通り越して驚愕した。私のボールのはるか彼方、50ヤードぐらい遠くに3氏のボールは飛んでいる。スタート早々から年齢的にも体力的にも太刀打ちできる相手ではないと、諦めにも似た平静な気持ちになった。

「よし、今日は非力は承知のうえで年相応にリキマズ・アセラズ自分流で行こう」と心に決めた。アウト1番から何とか3オン2パットで嶋崎・東さんと同じボギー発車。2番では赤マーク・ティのおかげで、飛距離にオマケをもらい、私一人がボギーで同伴者はダブル、トリプルボギー。3番ロング・ホールではパーオン、2パットのパーが転げ込んできた。8番、9番で私としては珍しく連続パーが来て、夢にも思わなかったアウト42という今年最高のスコアを記録した。自分ながら凄いスコアが出たとの実感はまだ湧かない。昼食後、インの出だし10番から14番まで連続ボギーの私としては上々の出来であるが、別に高揚感はない。15番のロング・ホールで初めてのダブル・ボギーが出たが別に動揺はない。同伴者の皆さんの足を引っ張らないようにスロープレーにならないように自分のプレーに集中する。上がり3ホールの16番、17番を無難にボギーでおさめたが、最終18番は力んで4オン2パットのダブル・ボギー。結果インは47で終了した。18番で皆さんとホールアウトの挨拶を交わすとき、嶋崎社長さんから、「先生！　エイジ・シュートおめでとうございます」の丁寧なごあいさつをいただき、思わず私は「エッ！」と絶句した。長崎国際ではエイジ・シュートはまだ経験していないし、達成できるとは夢にも思っていなかったからである。嶋崎社長曰く「17番終了時点で18番はダブルボギーでもトリプルボギーでもエイジ・シュートでしたよ」と。知らぬは私だけで皆さんは私のスコアを注意深く、そして静かに見守ってくださったのだと後で知り、感謝の気持ちいっぱいであった。

結果的に一打一打に集中して自己流に徹し、同伴者の素晴らしいドライバー・ショットやアプローチ、パットに惑わされなかったのが成功の要因だったのかもしれない。他のゴルフ場では複数回のエイジ・シュートは経験したが、私にとって長崎国際は難攻不落の牙城で、いつ攻略できるか長年の夢であった。結果的に自分の年齢より1歳少ないグロス89のスコアに、グロス90代のエイジ・シュートよりグロス80代のエイジ・シュートが出たという事実が、私にとって望外の喜びで、人一倍嬉しくもあり一入感慨深いものがあった。

競技終了後の成績発表の場で改めて皆さんから祝福されて、言い知れぬ感動と、同伴者3氏の紳士的な無言の声援に心から感謝した。

エイジシュート記念のアイアン・カバー

お祝いのアイアン・カバーをもらう

思い起こせば私がエイジ・シュートを初めて達成したのは、自分史『原子野に医を学びて』の中の「続　今年の椿事」でも述べたが、ちょうど7年前の2009年5月2日開催された喜々津カントリー倶楽部開場記念競技大会であった。(満83歳5ヵ月　アウト39　イン44　グロス83) 続いて同年8月8日今度はチサンカントリークラブ森山の開場35周年記念競技大会で2回目の椿事は起きた。(満83歳8ヵ月　アウト42　イン40　グロス82) いずれも開場記念競技という1年に1度の意義あるビッグイベントでのエイジ・シュート達成であった。たまたま、アイアン・ショットが不調で苦手になり、思い切ってアイアンをマジェスティのアイアン・セットに買い換えてみた。老齢の非力な私に適合したのかも知れない。買い求めたマジェスティの会社からエイジ・シュート達成記念に刺しゅう入りの見事なアイアン・カバーがお祝いとしてプレゼントさ

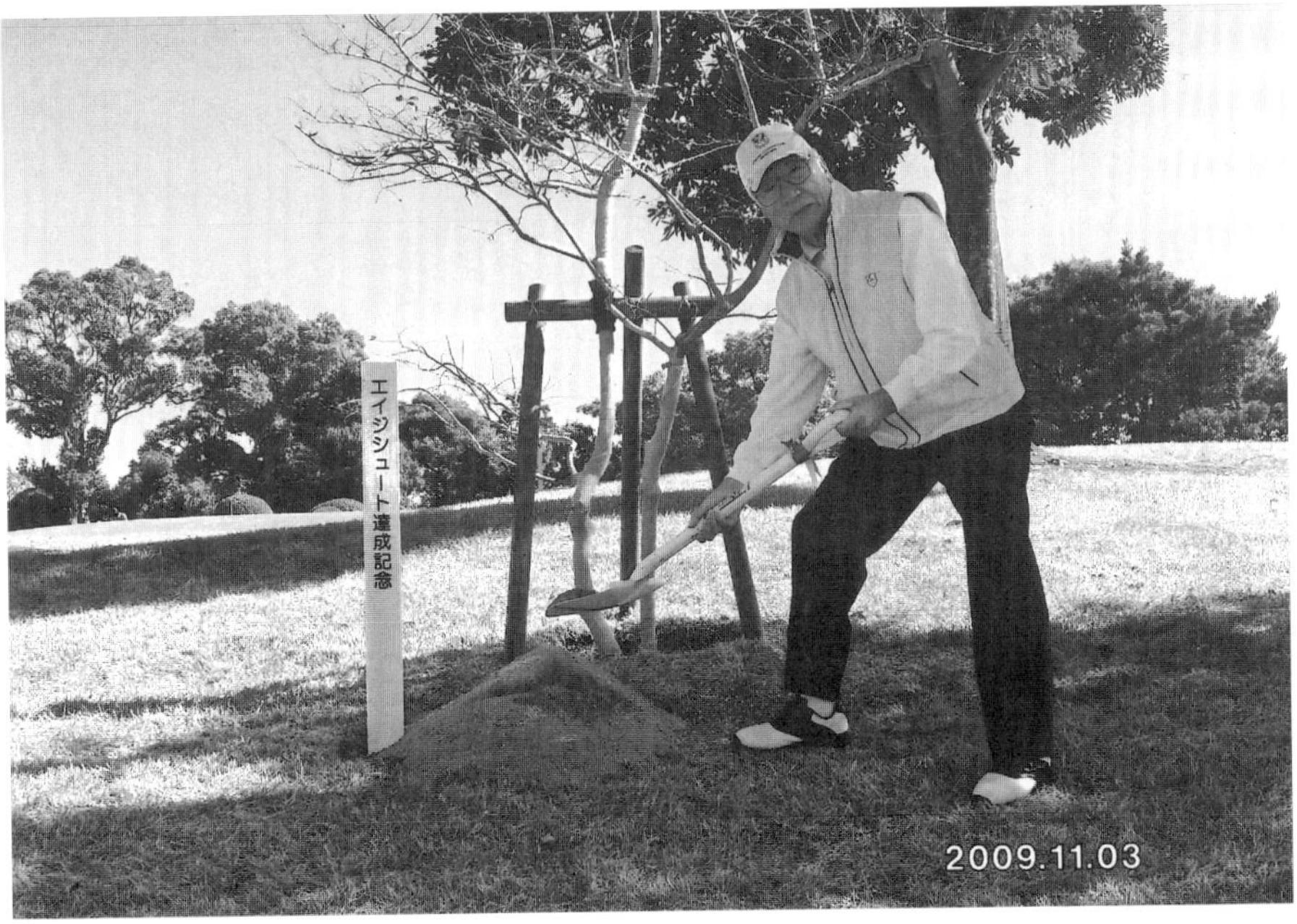

記念植樹（チサン CC 森山　雲仙コース）

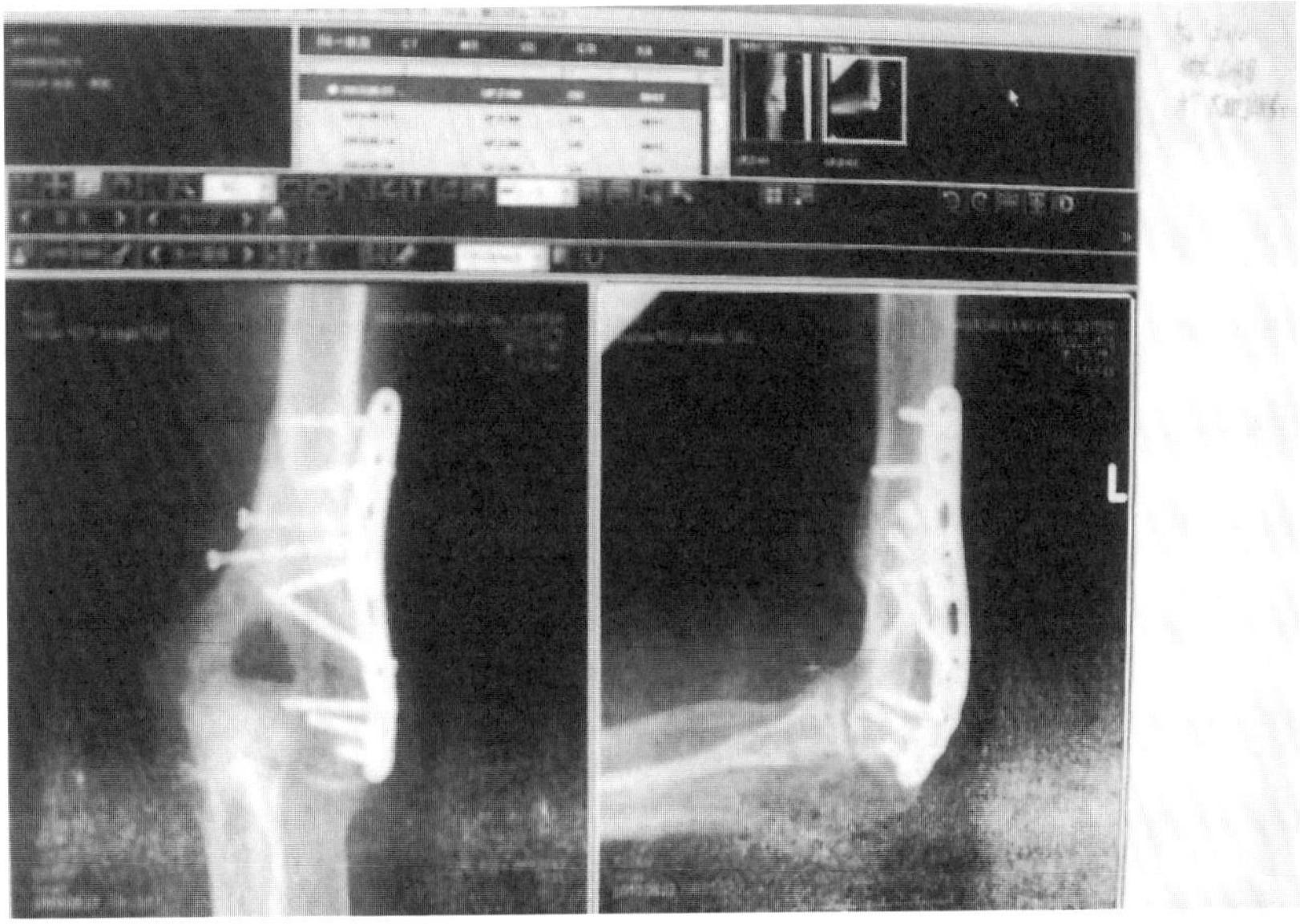
いまもチタン製ビス９本が埋めこまれている

れた。また、マジェスティの全国版のホールインワン・エイジ・シュート達成・喜びのコメント欄に写真入りで私の記念植樹の記事も紹介、掲載された(写真参照)。

ところが〝好事魔多し〟と言うか人生何が起こるか判らない。翌年1月2日雪の日、大事故に遭遇した。左上腕骨骨折、左耳殻大裂傷の傷害を受け、救急車で搬送された国立大村病院整形外科に3ヵ月入院、1年間のリハビリ生活を余儀なくされた。手術後のギブス固定の左上肢をつくづく眺めながら2度とゴルフクラブは握れまい、プレーは生涯できまいと私は半ば観念し諦めていた。しかし病床にあってもリハビリ通院中も、片時もゴルフに対する情熱は冷めるどころかますます燃えたぎる思いであった。

現在、左上腕骨に約7センチメートルのチタン製金属ビス9本と約20センチメートルのプレートが埋め込まれて骨折箇所は固定されている（写真参

卆寿エイジ・シュート記念のカットグラス（左はその底）
（電友会寄贈）

照）。手術後7年にもなり、左指の握力低下と左上腕の運動・屈伸障害は後遺症として若干残っていて完全治癒とは言い難いが、何とかゴルフは続けられそうである。

卒寿を過ぎた現在、あと何年プレーができるか判らないが、体力の続く限りゴルフ場に足を運び、私のゴルフ人生で最も敬愛し95歳までゴルフライフを楽しまれた今は亡き後藤四郎大先輩に続きたい。そして90歳を超えた現在でも、競技に出場するたびにエイジ・シュート記録を塗り替えている球友を見習って、私も記録の向上をめざしたい。

最後に今まで50年以上もゴルフでお世話になった先輩諸氏や、ゴルフ場でいろいろなことを教えて頂いた数多くのゴルフ友達や同伴者の皆さん、また毎月例会のたびにお世話になっている長崎市医師会「青空会」の先生方や「電友会」の皆さんに心から感謝の念を捧げて御礼を申しあげる次第である。

第3章
こころに残るプロの言葉

長崎国際 GC にビッグフォーを迎えて。左から脇山勘助、相島将人、一瀬秀人、林田作之進、トム・ワトソン、木村輝夫、ジョニー・ミラー、佐々木春美、倉本昌弘、リー・トレビノ、殿村高司、筆者、加々良明好の各氏（昭 57.11.23）

1　鈴木規夫（プロゴルファー）
ゴルフはこころ　大切な3C

ゴルフにおいて大切なメンタル面での課題に「3つのC」があります。
コンセントレーション（集中力）、
セルフ・コントロール（自己制御）、
そしてコンフィデンス（自信）。

鈴木規夫の
ゴルフは心

大切な課題「3つのC」

ゴルフにおいて大切なメンタル面での課題に「三つのC」があります。コンセントレーション（集中力）、セルフ・コントロール（自己制御）、そしてコンフィデンス（自信）です。

これはどんなスポーツにも、また仕事にも当てはまる成功のための秘訣です。

このうち、集中力と自己制御は、スキルに関係なく、実践できるはずです。しかし自信となると、それを裏付ける実力が必要です。

ただ、こんな解釈もできます。例えば、グリーンのエプロンからのアプローチ。プロならウエッジのピッチエンドランで格好良く寄せるケースです。ところが多くのアベレージゴルファーは、そのショットに自信がありません。ダフったり、トップしたりするイメージが頭から離れません。

しかし、発想を変えて、パターで寄せると考えたらどうでしょうか。距離感をピッタリ合わせるのは難しいかもしれませんが、少なくともミスせずグリーンに乗せる自信はあるはずです。その心理的なゆとりが好結果をもたらします。

つまり、自信とは、どんな方法でどんなレベルの結果を出そうとするかで、変わってくるのです。自分のスキルに見合った方法と目標を選択すれば自信を持って取り組めるのですから、固定観念に縛られないことです。

さて、自信と紙一重の心理に過信があります。自分の能力を過大評価して自信過剰になることです。このタイプは、調子に乗っているときには、良いスコアを出しますが、いったんつまずくとミスを連発します。

一つのミスによって、次のショットは必ず難しい状況になります。コースはそう設計されています。

そこで、過信している人は、ミスをスーパーショットでリカバリーしようとします。上級者でさえやらないギャンブルに出て、再びミスし、より深刻な状況に陥ってしまうのです。

ゴルフにも、また人生にも過信は大敵です。なぜなら、自分から苦境を呼び込むからです。

（プロゴルファー）

慢心がミスを呼ぶ

2　青木功（プロゴルファー）
プレースタイルは年齢とともに変化する

自己分析を怠らず「現在のベスト」を探れ。

プロゴルファー 青木功
おれのゴルフ

年齢とともにプレースタイルは変化する
自己分析を怠らず「現在のベスト」を探れ

「うっせんだよ！」

3 金谷多一郎（プロゴルファー）
アドレス時のボールの位置

たまたま、金谷プロを招いてのレッスン・ラウンドでプロからの私のアドレス（ドライバー・ショット）へのアドバイス、

「もう少しボールを中に」

4 石谷晃三（プロゴルファー）
世界一目指してちょうどよい

つくづく感じることは、ゴルフは格闘技、技術はプロと名の付くもの同じと思う。トッププロの素顔を間近で見て感じたものは、共通点はあるが皆異なるものをもつ。技術、杉本英世プロのボールを打つまでのアドレスの取り方、まるでボールに溶けて一体となる柔らかさ。私がみる中では世界一。アドレスの美しさも世界一。上原宏一プロの練習量の多さは世界一。気性の強さも抜群。トーナメントで最終組、何度キャディで担いだものか。グリーンを外した時は必ず「見てろよ」と声を発し、いとも簡単にピンチを脱する。D・スメイル、練習量の少なさでは世界一、ところがいざアドレスに入った時の集中力は世界一。いずれもこの3人のトッププロ、ゴルフをスポーツではなく武道に取り組む

姿勢を感じる。いずれも3人の天才プロ、クラブの芯でボールを操る。
ゴルフの上達望むなら「世界一目指してちょうどよい」

第４章
思いだすことども

電友会 600 回記念。祝賀会であいさつ（筆者）

1　電友会「思い出のアルバム」

電友会 600 回の日、「橋本」での祝賀会の一シーン（右端筆者）

電友会 600 回記念祝賀会

電友会 650 回記念大会スタート前

電友会 650 回記念祝賀会

2　電友会創立600回記念大会を寿いで（平成22年記）

生涯のおつきあいが実現

600回記念大会と口では簡単に申せますが、ゴルフ同好会でこれほど長く続いた会を私はまだ知りません。月例ですから年に12回開催されたとして50年間営々と続けられてきたわけで、その歴史を築いてこられた先輩各位や、陰で競技の運営、記録、親睦の雰囲気つくりに努力、ご協力をいただいた九州電力長崎支店の歴代の支店長さんはじめ、担当の職員の方々に心から感謝とお礼を申しあげます。現会員のひとりとして輝かしいこのたびの記念大会に参加できますことを心から喜び光栄に思っております。

私が電友会に入会を許されて異業種のそうそうたるメンバーの方々とお付き合いをいただいたのは昭和59年、第17代坂口支店長さん時代で、以来25年がアッと言う間に経ちました。記録によりますと初参加第1回の私のスコアはアウト41、イン39、グロス80、第3位（昭和59年11月　島原ゴルフ場）、とあります。以来第25代の中川支店長さん、現在の第26代荘野支店長さんまで10名の支店長さん方にお世話になったことになります。

メンバーの大多数の方々がロータリーで知悉している方も多く、とくに逝去なさるまで長年、会の世話役を務められた福砂屋の先々代社長の殿村史郎さんや、先代澤山商会の澤山精次郎さん、〝連隊長さん〟と愛称で呼ばれて95歳まで骨折入院されている期間をのぞき100パーセント皆勤されていた後藤四郎大先輩の面影は今も忘れることはできません。殿村さんは私に初めてゴルフを手ほどきされた大恩人で、亡くなられる直前まで私が点滴注射をしながらゴルフのお話をしましたし、澤山さんは長崎国際ＧＣのＨＤＣＰ委員長を開場以来お勤めで、最後に私が後を引き継ぐまで電友会、ロータリーを通じ大変お世話になりました。後藤連隊長さんは士官学校の私の大先輩で、第17代支店長の坂口汪さんも後輩になられる関係上、坂口さんが突然倒れられた時は、後藤さんと2人で大変心配を致しました。坂口支店長さんとは電友会の遠征先での麻雀の楽しい思い出もありますが、５００回記念誌上でも述べましたので割愛します。皆さん既に故人となられ淋しいかぎりですが、ご冥福を心からお祈りしています。

後藤さんを偲んで「ニコニコ、ニッコリ」

電友会での嬉しい思い出のひとつに8月の雲仙大会で、1番ロング・ホールを2オンした若いころの思い出や、数年後シングル・プレーヤーの第19代石川支店長さんも2オンされてびっくりしたこと、また1泊2日の楽しい遠征旅行の思い出などが懐かしく思い出されます。第24代池松支店長さん時代に、われらの人生目標でもありました敬愛すべき後藤連隊長さんが逝去され、後藤さんがご生前人生訓として私どもに諭された〝ニコニコ、ニッコリ、てきぱきと、有難う、御苦労さま〟を活かして、後藤さんの霊界への旅立ちを楽しくお祝いしようと、場所は後藤さんが何回も生前通われ、また電友会の忘年会会場でもある「史跡料亭花月」で、電友会の会員をはじめ後藤さんにご縁のある方60名が集まり、後藤さんお馴染みの芸妓さんも大勢よんで盛大な賑やかなお見送りを致しました。後にも先にもこんなお見送りは初めてと芸妓衆も大喜びで、当時の第24代池松支店長さんには大変お世話になりました。この欄をかりまして厚く御礼を申し上げます。後藤さんも神となられ、霊界で電友会の今回の慶事をどんなにか喜んでおられることでしょう。長崎県のゴルファーの中で最も古い大先達の林田作之進さんはお元気なころ電友会の生みの親で、私も何回かご一緒したことがありましたが、先生が長く務められた読売チサンCCのキャプテンを引退されるとき私に後任を委嘱され、やむなくお引受けしたこともあり、電友会のこれもご縁かと思いました。

電友会の歴史

・昭和32年9月に第1回が長崎カンツリー倶楽部(現在の福田ゴルフ場)で開催
・発起人は九州電力長崎支店(第4代河本勝寿支店長)、九電工(東山支店長)、澤山商会(澤山精次郎社長)、長崎大洋(山崎代表)の皆さんでした。
・ホームコースの推移　長崎カンツリー倶楽部(福田)〜雲仙ゴルフ場〜長崎国際ゴルフ倶楽部
・当時の主なメンバー　松本継男(松早石油社長)、殿村史郎(福砂屋社長)、中部長次郎(大洋漁業長崎支店長)、林田作之進(長崎県議会議員議長、長崎県で最古のゴルファー)

最後になりましたが電友会が今後会員の皆様のご協力で益々長寿を重ね、会員皆様方のご健勝、ご活躍と、われらの九州電力のご発展ご隆昌を心から祈念いたします。

電友会 600 回記念写真　スタート前の記念写真。2 列目右から 3 人めが筆者

400 回記念大会

450 回記念大会

500 回記念大会

550 回記念大会

600 回記念大会

記念キャップ。400 回から 50 回ごとに 600 回まで

3　第587回　青空会だより　長崎市医師会報より

（藤尾俊之記）

白組優勝は小濵正美先生

平成27年12月6日（日）、第587回青空会が長崎国際GCにて開催されました。今年最後の例会であり、夜は「花月」での表彰式が恒例となっています。天気はこの日も上々・ほぼ無風・視界良好での例会となりました。参加者は白組31名、青組18名の計49名と少し青組が淋しかったのですが、今年も1度も休会することなく連続開催継続を達成しました。（青組の先生方、もう少し出席率をあげてね―皆勤賞という賞もありますし…）。例年通り、プレー終了後各自食事を終えていったん解散、あとは午後6時現地集合となりました。奥野信一郎先生はパソコンが扱える数少ない幹事のため記録係としての重責で最後まで居残られ、大変ご苦労様でした。

幹事は1時間前に花月に集合し受付、座席の設定、資料（成績表）の配布などを行うのも例年通りですが、今年は「竜馬の間」ではなく、新館の方の宴会場で開催・椅子席。二部屋に分かれた控えの間など、いつもと違う新鮮な雰囲気、それに杉山・濵崎・矢部の三先生はご承知の通りテキパキした仕事ぶりで、受付も極めてスムーズで開演前の気分としては良好！　さらに私は検番さんの直前の練習風景もみられ、幹事の役得でした。（幹事集合に遅刻してすみませんでした）

本年の会長さんの松尾榮之進先生の「1年間天候に惑わされることなく、無事開催できたこと、みなさんのおかげと感謝します…」のご挨拶のあと、小濵正美先生のご挨拶とご発声で一同乾杯!!

さて、成績発表ですがまずは白組から。43／48（G91／N66）の見事なスコアで1位を獲得されたのはまたまた！　小濵正美先生でした。（今季３勝目、通算31勝目で道祖尾卓而先生に勝利数が並ばれました。おめでとうございます。）スピーチでは、「本日の勝因は３つあります。①同伴競技者に恵まれたこと、②バーディーがとれたこと！　③乗用カートのおかげであまり疲れなかったこと」との超人ドクターオバマらしからぬ、と言うか、らしい（？）冷静な自己評価でした。確かに以前は、青空会といえばカート禁止の歩きがモットーでした。

「昼飯をかけ、楽しくラウンド」

２位には、40／43（G83／N67）とこれもお見事な成績の阿保守邦先生が入られました。「ショットの出来が良くないのでパットでしのいでいこうと努めたことがよかった」と話されました。３位は浦野善一郎先生（G93／N70）ですが、「俺は今は話さん、後で話す。今はよかろう（と謎の笑み）（？）」。６位七種利明先生（G91／N73）「同級生だけど歳は上　青で　やけん負けられん？」（⬇※スミマセン！藤尾メモがあまりに拙字で、意味不明でした。七種先生ほんとにすみません）

８位はG89／N74の川原健治郎先生ですが、「３ヵ月ぶりにクラブを握ったが、終わってみたらスコアがまとまっていた。ゴルフは難しいですね」との事。10位竹下潤一郎先生は44／46（G90／N75）と毎回、着実な安定したスコアを残されています。４位道祖尾卓而先生（G80／N70）、５位高原浩先生（G87／N71）、７位池田弘幸先生（G91／N73）、９位田川幸雄先生（G90／N74）はご欠席でした。次に飛び賞で20位黒岩正行先生（G94／N81）は「１年ぶりの参加ですが、千々岩先生と昼飯をかけ、楽しくラウンドできました」と笑顔で話されました。30位江口正明先生「お恥ずかしい…」。でもとてもゴキゲンなご様子でした。(夏場の好調さがたまたま続かなかっただけですヨネ。)ベスグロ賞は道祖尾卓而先生39／41(G80)でした。(やっぱり、というか会員一同驚かなくなりました。白組の先生方の奮起で来シーズンは「指定席」を「自由席」に変えて頂きましょう)その他各賞等は成績表をご覧ください。

青組は70台でベスグロ賞も

次に青組の成績ですが、優勝は吉見龍一郎先生37／44(G81／N69)が獲得されました。「還暦を迎えて気持ちにゆとりができ、プレーにも余裕ができました」との事。おめでとうございます。通算7勝目です。でも、ときどき参加されてはいつも優勝?という印象が強いのはなぜでしょう? 節目やイベントに強い? 2位は38／40(G78／N72)と本日ただお一人の70台を記録された小室哲先生です。(ベスグロ賞も獲得)「小串、矢部両先生と年間グロスを争うお二人と回れて気が抜けず、また楽しくプレーができました」との事でした。3位には朝長眞一郎先生46／43(G89／N75)が入られました。「半年ぶりの参加ですが、気合い十分、朝4時に起きて準備しました。インテンショナルフック・フェードに取り組んでいますが、成果は来年に持ち越しです」と意欲満々なお話でした。4位行成壽家先生(G87／N86)「…まとめました…」のひとことでした。(みごとな笑顔で十分です)6位松元定次先生(G84／N77)「飛ばし屋の同伴競技者に左右されないよう冷静に務めました」。7位佐藤安雄先生(G86／N77)「にぎやかで漫才のようなラウンドでした」。8位奥野信一郎先生(G98／N78)「まだ不調から抜け出せていません」9位坂本　晃先生(G95／N79)「病院長・教授などそうそうたるメンバーと一緒に回らせて頂きました。過度の緊張感を経験し、楽しみました」10位吉見公三郎先生（G87／N80）「兄と違ってメンタルが弱点だとわかりましたので、これを克服し、来季は完全優勝を目指します」

花月ではおなじみの楽しいスピーチが続き、親睦の青空会の醍醐味!!うまい酒が喉を潤します。成績順のテーブルを一番席から順にながめてみますと……たしか3番テーブルに映っている方が新しい、他所から大抜擢された芸者さんでは??（それは関係ない！とおしかりの声が聞こえました。）実力者の喜色満面のスピーチの一方で、末席（成績順の座席の一番下のテーブル）になんとあの先生方が座っておられます。一体何が起きたのでしょう?地球温暖化とはもちろん関係ないのでしょうが。詳細は極秘条項との事ですが熱きゴルフ理論が続いていて、皆さん意気軒高、写真映りも上々で次回の活躍ぶりが目に浮かぶようです。

年間表彰では賞金王の成績も発表

引き続き年間の表彰式が行われ、年間ベスグロ賞の最高栄誉は、白組・道祖尾卓而先生（83．0）と青組小串亮三先生（78．8）の頭上に輝きました！　また年間ネット賞は、白組・小濵正美先生と青組は私が頂戴しました。そして敢闘賞ともいえる皆勤賞は今回6人も（千々岩Dr・福嶋Dr・中山Dr・行成Dr・矢部Dr・藤尾）達成できました。

さらに奥野幹事の発案をもとに、今回初めて年間賞金王の成績も発表されました。白組・道祖尾卓而先生はともかく青組は私にあたってしまい誠に恐縮に存じます。おおきなHCと幹事に任命いただきせっせと出場したおかげではありますが、実は会員権を取得していないため権利が剥奪されるのではないかと心配しております。しかし倍額以上すでに練習場へ納付し、広い意味でゴルフ界に還元しましたし、来季こそ会員権を取得しますので、今回は珍記録として会員皆様のご承諾をお願い申しあげる次第です。

宴たけなわで某先生の小劇(?)に感動

さて、表彰式が終わっていよいよ宴会もたけなわ、各テーブルの会員の笑顔笑顔…楽しいひと時です。検番さんの美しい踊りが始まると、今年はおかっつぁま世代交代したとの事、なんだか新鮮な感覚でした。回ってなんとかやらのお座敷ゲームも催され、芸達者な先生とそうでない先生のお姿が……。そしてなんと小濵正美先生が出演されての小劇（?）が披露され、その粋な姿にまたまた感動！いい体験をさせていただきました。（なお、ほんの僅かですが、動画もあります。ご覧になりたい方は私へご連絡を）（ナンチャッテ）

大盛況のうちに忘年会は終わりの時間を迎え、本年の幹事団から来季の幹事団（会長　津田尚幸先生・幹事長　中山紀男先生および行成壽家先生以下幹事5名〈総勢7名〉）へ引継ぎが発表されました。特筆すべきは、会長津田尚幸先生のご発案で、8月は雲仙へ遠征、9月に納涼会に代わって月見会を予定している、と発表されたことです。会場で「オー」の歓声もあがり、今からすごい楽しみでワクワクしてきます。

新年の第1回目は、平成28年1月10日（日）―成人式の日の1日前です。新会員も内定しており、新しい戦いに静かな闘志を抱くのは私一人ではないでしょう。さあ、体調管理に努め、反復練習で万全の準備を。

平成27年幹事：会長　松尾榮之進／幹事長　前田公／
　　　　　　幹事　藤尾俊之・濵崎宏明・杉山英一郎・矢部嘉浩・奥野信一郎
平成28年幹事：会長　津田尚幸／幹事長　中山紀男／
　　　　　　幹事　行成壽家・藤尾俊之・濵崎宏明・坂本晃・小室哲

……来年へ続く……

結び

この本を読まれた方は恐らく2通りの読後感を持たれたのではなかろうか。まずは「たかがゴルフ、されどゴルフ」。ゴルフに対する考え方もいろいろあるもんだ。誰でも考えそうなことを厚かましくも本にするなんて、なんと厚顔無恥な人よと。次に、趣味のゴルフなんだから四角四面に堅ぐるしく考えなくても、自然体で楽しめばいいんだと。

趣味で始めた私のゴルフも寄る年波には勝てず、ラウンドするごとに飛ばず・寄らず・入らずの不満足な日々がつづいた。ところが最近、今日はよい汗をかいた、体は疲れたが帰宅して飲むビールのなんと美味しいことよ、焼酎もうまいし、食事もすすむ。言い換えればゴルフのおかげで健康な1日を過ごすことができて幸せだったと思うようになった。

今は昔、「弘法大師が四国八十八ヵ所の遍路参りを奨められたのは、歩くことの大切さを身をもって諭された教えで、ゴルフもこれに習って18ホールを各札所（ふだどころ）と見立て、同伴者に迷惑をかけないように歩き続け、目標に向かって努力、精進するこころねと同じだ」と教えられた老先輩の言葉が思い出される。

凡人の悲しさ、ある時期までは勝負にこだわり、競技成績の不振をかこった。しかし健康本位に考えるようになると、ゴルフほど年をとってまで楽しめるアウトドアースポーツはそんなにあるまい。

ゲートボールとかグランドゴルフなどの競技もあるにはあるが、どうも私には馴染めない。ゴルフは私にとっては健康保持のための欠かせない「健康体操」なんだと。

趣味という言葉を辞典で調べると、①感興をきそう状態。おもむき。あじわい。②ものごとのあじわいを感じる力。美的な感覚のもちかた。このみ。③専門家としてではなく、楽しみとしてする事柄。④「哲」カントの用語。美的判断力の一つ と4通りぐらいあるが、私にとって趣味とは③の専門家としてではなく楽しみとしてする事柄に当てはまる。カント流の美的判断力のひとつとまではゆかないが、私にとってゴルフとは「ものごとの味わいを感じる力」でもある。

製本されて出来上がった本書を手にとって稚拙な文章、読みずらい文体をかくも見事に編集された長崎文献社柴田義孝社長、堀憲昭専務の両氏に深甚の謝意を表したい。また本年度青空会幹事長中山紀男先生や法師山克昌氏にはすばらしい本誌表紙、扉絵の写真や似顔絵のご提供をいただき心から御礼を申しあげたい。最後に今まで長年お世話になったゴルフを通じての得難い球友やゴルフ場関係者、晴れた日、雨の日、四季それぞれにゴルファーの目を楽しませてくれたゴルフ場に心から感謝し、球友たちのますますの御健勝とご活躍を祈念するものである。

筆者略歴：小濵正美（おばま　まさみ）
大正15年（1926年）1月2日生　医師
昭和27年長崎医科大学卒　医学博士
昭和36年長崎市丸山町に於いて産婦人科開業
日本産科婦人科学専門医　現在に至る

ゴルフ歴：昭和37年（1962）に殿村史郎氏、吉岡プロに師事してゴルフを始める。以来、長崎国際ゴルフ倶楽部食堂委員長、長崎国際ゴルフ倶楽部ハンディキャップ委員長、チサンカントリークラブ森山競技委員長、大村湾カントリー倶楽部コース委員長。九州ゴルフ連盟総務委員、チサンカントリークラブ森山キャプテン、チサンゴルフクラブ森山理事長、電友会世話人代表　現在に至る。

ゴルフと吾が人生　**吾以外皆吾が師なり**

発行日	初版　2016年11月7日
著者＆発行人	**小濵正美**（おばま　まさみ）
編集人	**堀　憲昭**
発行所	**株式会社 長崎文献社** 〒850-0057　長崎市大黒町3－1　長崎交通産業ビル5階 電話 095-823-5247　Fax 095-823-5252 E-mail : info@e-bunken.com
印刷所	日本紙工印刷株式会社

ISBN978-4-88851-270-1　C0095